생애재무설계,
지금 당장
시작하라

삼성자산 투자에세이 05

생애재무설계, 지금 당장 시작하라

2011년 3월 31일 초판 1쇄 발행
2011년 4월 22일 초판 2쇄 발행

지 은 이 | 홍은주
펴 낸 곳 | 삼성경제연구소
펴 낸 이 | 정기영
출판등록 | 제302-1991-000066호
등록일자 | 1991년 10월 12일
주   소 | 서울시 서초구 서초2동 1321-15 삼성생명 서초타워 30층
            전화 02-3780-8153(기획), 02-3780-8084(마케팅)
            팩스 02-3780-8152
            e-메일 seribook@seri.org

ⓒ 홍은주 2011
ISBN | 978-89-7633-431-2 04320
         978-89-7633-363-6 (세트)

삼성경제연구소 도서정보는 이렇게도 보실 수 있습니다.
홈페이지(http://www.seri.org) → SERI 북 → SERI가 만든 책

삼성자산
투   자
에 세 이
05

생애재무설계,
지금 당장
시작하라

홍은주 지음

삼성경제연구소

삼성자산 투자에세이를 발간하며 ▌▌▌▌

평균수명 증가에 따른 고령화 문제가 사회적 이슈로 대두되면서 평생에 걸친 재무설계, 즉 생애재무설계의 중요성이 부각되고 있습니다. 인생의 각 단계에 대한 설계가 뚜렷이 이뤄져야 맹목적 투자와 비효율적인 저축에서 벗어나 합리적으로 자산을 배분하고 그에 따른 투자전략을 세울 수 있습니다. 이는 지혜로운 경제생활이 어느 한 세대만의 문제가 아니며, 경제 및 금융에 대한 지속적 학습과 연습이 필요하다는 뜻이기도 합니다. 하지만 우리 사회에서는 경제활동에 직접 참여하는 성인들조차 경제에 대한 이해도가 매우 낮습니다.

집을 잘 지으려면 우선은 터를 닦는 것이 중요하듯 보다 풍요로운 내일을 위해서는 튼튼한 기초를 쌓는 것이 무엇보다 중요합니다. 요컨대 투자에서도 경제에 대한 기본적 이해 없이 일확천금만 꿈꾼다면 실패할 수밖에 없을 것입니다. 성공적인 투자는 많은 시간과 노력이 뒷받침되어야 가능합니다. 그렇기 때문에 어릴 때부터, 그리고 성인이 되고 나서도 경제에 관한 지식과 지혜를 계속해서 쌓아나가야 합니다. 또한 가정 및 일상의 생활에서 경제관념과 경제논리를 체험하고 끊임없이 삶에 적용하며 살아가는 것이 필요합니다.

특히 조기퇴직이 일반화되고 노후에 대한 불안정성이 점점 커지고 있는 지금, 생애재무설계를 통한 은퇴 준비는 삶의 가장 큰 밑그림을 그리는 중요한 작업입니다. 자신의 투자성향과 투자규모를 파악하고 연령에 따라 투자자산을 적정하게 배분해, 장기적 안목으로 투자계획을 꾸준히 실천해야 할 것입니다. 자신만의 확실한 목적을 가지고 금융시장의 환경과 투자의 흐름을 알아야 투자에서 성공할 수 있습니다.

삼성자산운용에서는 행복한 노후를 위한 성공적 자산관리와 투자활동을 돕는 것은 물론, 경제의 기본을 이해하고 자녀의 경제교육에 도움이 될 수 있도록 삼성자산 투자에세이를 발간하고 있습니다. 앞으로도 저희 삼성자산운용은 고객니즈에 맞추어 보다 다양하고 깊이 있는 정보를 꾸준히 제공할 것입니다. 아울러 투자문화 정착과 함께 고령사회에 대비한 사회적 책임 수행에도 일조할 수 있도록 최선의 노력을 아끼지 않을 것입니다.

우리의 노후는 준비하는 만큼 더욱 아름다워질 것입니다. 부디 이 책이 독자들을 성공투자의 길로 안내하는 반가운 표지판이 되기를 바랍니다.

삼성자산운용 대표이사 사장 김 석

노년의 황금연못을 꿈꾸며

늦가을 오후, 황금빛 석양이 긴 그림자를 드리우고 숲은 느긋한 여유와 정적으로 평온하다. 숲속 호수의 물결도 그 빛을 받아 눈부신 황금색으로 변한다.

아름다운 호숫가에서 낚시와 산책을 즐기면서 맞는 온화한 노년의 평화, 가족 간의 화해, 길고 힘든 인생에서 오랫동안 방황하다 나이 들어 휴식 속에서야 깨달은 자연과의 일체감……. 이런 것들이 황금보다 값지고 더 반짝인다는 사실을 알려준 영화가 바로 헨리 폰다와 캐서린 헵번 주연의 〈황금연못(On Golden Pond)〉이다.

'장수'라고 쓰고 '빈곤과 고독'이라고 읽는 시대

먼 훗날 우리가 맞게 될 노년이 이 영화에서처럼 평화롭고 아름답게 반짝이는 '황금연못'의 삶이 될지, 아니면 일본 신문의 사회면에 거의 하루도 빠짐없이 등장하는 90세 장수노인의 '고독사(孤獨死)'가 될지 생각해본 적이 있는가?

평균수명이 늘어난 시대를 사는 한국인들, 은퇴기에 접어든 베이비부머 세대는 거의 예외 없이 긴 노년을 맞게 된다. 세계에서 가장 빠른 속도로 고령화가 진행되면서 60~70세 청년, 90세 노인이 늘고 있다.

수명은 이처럼 늘어나는데 직장 퇴직 연령은 예전이나 지금이나 55세라는 게 문제다. 그래서 '사오정', '오륙도' 같은 자조적 농담이 아직까지 유효하다. 50대 초중반에 직장에서 퇴직을 하고 마땅한 직업을 찾지 못해 30년 이상을 소득 없이 살아야 하는 것이 고령사회의 냉정하고 차가운 현실이다. 결코 반갑지만은 않은 고령화 시대, '장수'라고 쓰고 '빈곤과 고독'이라고 읽어야 하는 역설적인 시대를 우리는 살아가야 하는 것이다.

은퇴자의 시점에서 삶을 거꾸로 바라보기

누구나 자기 인생은 중요하다. 삶의 고비고비 중요하지 않은 일이 없다. 사랑에 빠진 젊은 청춘은 연인을 행복하게 해주는 것보다 중요한 일은 없다고 느낄 테고, 고급 호텔예식장에서 친척과 친지들이 보는 가운데 누구나 부러워하는 화려한 결혼식을 올리고 싶을 것이다. 값비싼 보석 반지와 멋진 명품시계를 예물로 교환해 친구들에게 자랑하고 싶을 것이다.

아이가 태어나면 일류 유치원과 사립 초등학교에 보내고

싶을 것이고 다른 아이들처럼 해외로 영어연수도 보내주고 싶을 것이다. 아이들이 어느 정도 크면 각자에게 방 하나씩 줘야 하기 때문에 방이 네 개 이상인 중대형 아파트로 이사할 필요가 있다고 생각할 것이다. 그래서 무리하게 빚을 내거나 퇴직금을 중간 정산해서 집을 늘려나간다.

이렇듯 쫓기듯 정신없이 살다가 어느 날 갑작스럽게 은퇴, 곧 준비 안 된 노후를 맞게 된다. 아니, 갑작스럽다는 말은 틀렸다. 내심으로는 뻔히 다 알고 있는 은퇴와 노후인데도 차마 생각하기 싫어서, 혹은 나에게는 절대로 그런 비참한 노년이 닥칠 것 같지 않아서 계속 마음 한구석에 미뤄둔 채 외면하면서 살았을 뿐이다.

준비 안 된 노후는 길고 혹독할 수밖에 없다. 돈이 없어 몸이 아픈데도 병원 가기를 꺼리는 '의료빈민'이 될 수도 있다. 그래서 생애재무설계를 할 때는 삶의 막바지인 노년기의 생활 대책을 먼저 세워야 한다. 그런 후 노년기 자금수요에 맞춰 이전의 젊은 시절의 삶과 재무설계를 거꾸로 구성하는 'Backward looking 방식', 이른바 역시점(逆視點) 방식으로 자신의 생애를 재구성해야 한다.

나이대별로 한발 앞서 준비해야 하는 생애재무설계
젊은 시절부터 은퇴자의 시점으로 생애를 재구성하는 훈련을 거듭하다 보면 삶과 인생에서의 우선순위가 확실해진다. 은퇴자 시점의 설계란 퇴직 후 적어도 30년 동안 필요한 자금을 미리 계산하고 이 자금을 마련하기 위한 투자전략을 구체적으로 세우는 것을 말한다. 우리는 대체로 25년 정도 일을 해서 약 30년간 쓸 부부의 노후 생계비와 의료비를 마련해야 한다. 그렇다면 빚을 내서 중대형 집을 사거나 비싼 사교육을 시키거나 호화 결혼식을 올리거나 별 쓸모도 없는 보석 반지와 명품 시계를 혼수용으로 살 여유가 전혀 없다는 사실을 깨닫게 될 것이다.

결국 소득은 규칙적이지만 자금수요는 별로 크지 않은 20~30대 초반부터 생애재무설계를 시작해야 하고, 이후에도 꾸준히 장기적으로 준비해야 한다.

아직 결혼을 하지 않은 20대라면 남 보기만 좋은 비싼 결혼식, 무리한 예물과 예단에 소요되는 비용을 최소화하는 대신 그 돈으로 저축이나 적립식 펀드를 들어두는 편이 생애재무설계 측면에선 훨씬 든든한 새 출발이 될 것이다. 30대라면 자녀교육비나 주택 마련의 거품을 빼는 한편, 새는 돈을 점검하여 적극적으로 투자에 나서는 편이 좋은 재무설계일 것이다. 40~50대의 재무설계는 다소 늦은 감이 있는 만큼 좀 더 부지런하고 과감하며 정교해야 한다.

긴 삶의 여정 끝에 다다랐을 때 나만의 황금연못을 찾고자

하는 노력은 결코 미룰 일이 아니다. 지금 당장 시작해야 한다. 이미 늦은 게 아닐까 하고 생각하는 사람도 있겠지만, 바로 지금부터라도 포기하지 말고 시작한다면 남은 삶의 색깔이 달라질 것이다.

이 책은 '가장 확실한 미래예측'인 인구통계를 바탕으로 생애재무설계의 필요성을 알아보고 은퇴자의 시점에서 삶의 재구성을 강조하는 내용으로 썼다. 또 자신의 먼 미래를 준비하는 금융설계에 필요한 최소한의 기초 금융지식을 담았지만 복잡한 수식은 피하고 가능한 한 쉬운 개념으로 정리하기 위해 노력했다. 수많은 젊은 세대가 다가오는 고령화시대의 재앙에 대비하는 데 이 책이 조금이나마 도움이 되었으면 한다.

이 책을 내도록 격려하고 도와주신 삼성자산운용의 김성배 부사장님, 전영하 상무님, 김의진 상무님, 김경우 본부장님에게 진심으로 감사 말씀을 드린다.

2011년 3월

홍은주

차 례

6장 노후를 위한 연금설계

7장 생애재무설계의 실제

1장

현대판 델파이의 신탁:
저출산-고령화

01 　미래를 비추는 거울,
인구통계

앞으로 닥쳐올 미래는 불가사의한 미지의 영역이다. 무슨 일이 벌어질지 한 시간 후, 아니 단 몇 분 후의 일도 예측하기 어렵다. 만약 단 10분 앞만이라도 내다볼 수 있다면 얼마나 좋겠는가. 교통사고도, 심장마비도 일어나지 않을 것이다. 주식시장에선 떼돈을 벌 수 있을 것이다. 그러나 인간에게는 그런 능력이 없다. 무한한 어둠, 영겁의 시간으로 이어진 미래는 신이 관장하는 영역이다.

그래서 옛날 사람들에게 미래예측은 천기누설, 즉 신의 영역에 인간이 침입해 미래의 정보를 몰래 빼돌리는 행위로 여겨졌다. 신이 관장하는 미래의 영역을 몰래 침범하는 건 동양에서든 서양에서든 목숨을 걸어야 할 정도로 위험한 일이었다.

▌▌ 미래를 아는 자는 모두 죽는다?

동양에서는 천기누설을 해서 목숨을 잃은 유명한 점술가나 지관(地官)의 이야기가 많이 전래된다. 모 성씨(姓氏) 시조의 명당자리에 얽힌 이야기가 대표적이다. 고려시대 어느 관리가 유명한 지관에게 죽은 아버지를 모실 명당자리를 부탁했다. 지관은 너무 좋은 명당자리를 알려주면 천기누설로 화를 당할까 두려워서 약간 모자란 땅을 지정해주었다. 그런데 지관의 어물거리는 태도를 미심쩍게 여긴 관리가 지관의 말을 몰래 엿듣고는 진짜 명당자리로 선친의 묘소를 정했다. 나중에 이곳에 들러 사실을 알게 된 지관은 사색이 되어 "이것이 모두 천운이로구나!" 하고 탄식하면서 묏자리를 떠나는데 갑자기 수백 마리의 벌이 날아들어 지관을 쏘는 바람에 사망하고 말았다고 한다.

서양에서도 미래예언은 목숨을 건 행위였다. 그리스 신화에는 아폴론이 왜 미래를 예측하는 신탁의 신이 되었는지에 관한 이야기가 나온다. 아폴론 역시 예언 때문에 태어나기도 전에 죽을 뻔한 신이었다. 제우스와 사랑에 빠져 그의 아들을 임신한 레토(Leto)는 뱃속에 든 아들이 제우스 다음 가는 권력을 누릴 것이라는 예언 때문에 제우스의 아내 헤라(Hera)로부터 죽음의 저주를 받는다. 헤라는 거대한 뱀인 퓌톤(Python)을 시켜 레토를 죽이려 했고, 여기저기서 거절당해 정처 없이 미지의 땅을 떠돌던 레토는 마침내 오르티기아 섬에 당도했다. 헤라를 두려워하지 않는 해신(海神) 포세이돈이 섬 위로 파도의 벽을 쌓아 지켜준 덕분에 레토는 이 섬에서 무사히 아들 아폴론을 해산했다.

아폴론은 나중에 가이아의 신전이 있는 델파이로 가서 어머니 레토와 자신을 괴롭히던 큰 뱀 퓌톤을 화살로 쏘아 죽인 후 그 신전을 차지했다. 그때부터 인간은 제우스의 뜻을 알리는 아폴론의 신탁에 의지해 운명과 미래에 대해 알 수 있게 되었다고 그리스 신화는 전한다.

▌▌ 현대판 델파이(Delphi)의 신탁에 주목하라

천기누설을 하거나 신이 관장하는 미래의 영역을 엿보면 죽음을 불사해야 함에도 불구하고 미래를 알고 싶어하는 인간의 욕망은 수그러지지 않았다. 신의 예지를 조금이라도 더 빨리, 더 잘 읽고 싶은 사람들은 수많은 점술도구를 창안하기까지 했다.

고대 이집트와 메소포타미아, 고대 중국에서는 중요한 별의 움직임을 읽거나 별의 모양을 관찰해서 국가의 운명이나 왕과 주요 인물의 운명을 예측하는 점성술(占星術)이 중요한 미래예측 수단으로 오랫동안 위력을 발휘했다. 새가 날아가는 모양을 해석하는 새점, 꿈에서 중요한 신의 계시를 받는 꿈 점, 신내린 무녀로부터 받는 신탁점, 짐승의 뼈나 거북의 등껍질을 불태워 그 형상을 보고 판단하는 점, 숫자점, 심지어 수상·관상·족상·타로카드 점까지 미래를 읽는 가지각색의 방법이 개발되었다.

특히 전쟁이나 결정적인 운명의 순간에는 왕이나 위대한 국가의 지도자, 불세출의 현자, 전쟁영웅조차 불안한 미지와의 조우가 두려워 점에 의존하곤 했다는 기록이 많이 나온다. 알렉산더 대왕은 페르시아 정복에 나설 때 점쟁이가 손금이 짧아서 세계정복이 어렵다고 예언하자 칼로 자신의 손을 찢어 손금을 늘리기까지 했다고 한다.

르네상스 이후 인간의 이성과 과학이 신의 뜻을 읽는 또 다른 수단으로 등장하면서 점에 전적으로 의존하는 습관은 많이 사라졌지만, 남보다 빨리 미래를 엿보고 싶은 인간의 욕망은 사라지지 않았다. 오늘날에도 미래를 과학으로 예견하기 위해 온갖 통계학적 모델과 델파이 기법(delphi technic; 과학기술이나 신제품 수요 등을 위한 미래예측 방법. 관련 전문가들을 모아 의견을 구하고 종합적인 방향을 전망해보는 비통계학적 예측 기법) 등 정량적·정성적 미래예측 기법이 등장하고 있으며 미래의 메가트렌드를 지적 통찰력으로 예견하는 피터 드러커 같은 학자들이 경영학의 구루(guru)로 추앙받는다.

과학이 아무리 발달해도, 아무리 뛰어난 미래예측 전문가라도 개개인의 미래를 정확하게 예측할 수는 없다. 그러나 현대인이 국가와 사회, 개인의 미래를 추정해볼 수 있는 단 하나의 확실한 델파이 신탁이 있다. 바로 인구다. 현재의 인구통계(demographics)를 잘 관찰해보면 몇 년 혹은 몇십 년 후의 사회·경제·국가, 심지어 자기 자신의 미래 모습까지 거의 정확히 추정할 수 있는 것이다.

그렇다면 현재 보고된 대한민국의 인구통계에 비친 우리의 미래는 어떤 모습일까?

02

한국경제의 최대 고민:
저출산과 고령화

▮▮ 반갑지 않은 세계 1위

현재 한국경제가 당면한 가장 큰 문제는 무엇일까? 급증하는 국가채무나 가계부채? 갈수록 예측이 어려워지고 변동성이 높아지는 환율?

물론 위에 언급한 모든 것이 우리 경제를 위협하는 걱정스러운 요소들이다. 예컨대 정부채무와 공공기관 부채 347.6조 원까지 합치면 국가채무가 400조 원이 넘고(2010년 기획재정부 추정), 여기에 사실상 정부 부담인 공기업 부채까지 포함한다면 무려 700조 원으로 늘어나기 때문에 결코 안심할 수 없는 수준이다. 제도권 금융회사의 가계부채 잔액 역시 2010년 말 현재 795.4조 원으로(한국은행), 금리가 계속 오를 경우 경제의 시한폭탄이 될 수도 있다.

높아지는 환율변동성 역시 두통거리다. 우리나라 금융시장이 대부분의 분야에서 자유롭게 개방되다 보니 시세차익을 노린 핫머니(투기성 단기자금)들이 들어왔다가 차익이 실현되거나 조금만 낌새가 이상하다고 느끼면 즉시 빠져나가는 바람에 환율변동성이 커지는 것이다. 2008년 글로벌 금융위기가 발생했을 때 외환보유고가 2,000억 달러 이상이었는데도 우리나라가 1997년 외환위기 때와 같은 수준의 공황상태에 빠진 것도 바로 그렇게 유입된 외화자금 탓이었다.

우리나라 금융시장은 너무 크지도 너무 작지도 않아서 외국 핫머니들의 '놀이터'가 되기에 딱 적당한 규모라는 게 문제다. 그래서 급하게 돈을 회수해야 할 일이 생기면 한국에 투자된 돈을 가장 먼저 빼낸다. 오죽하면 "한국은 외국 금융기관들의 현금자동인출기"라는 자탄까지 나오겠는가. 그러다 보니 경제적 펀더멘털(fundamental, 기초체력) 이외의 요인으로서 환율이 자주 흔들리는 등 불안할 수밖에 없다.

그러나 이는 골치 아픈 문제기는 해도 우리 경제를 근본부터 뒤흔드는 핵심적 딜레마는 아니다. 얼마든지 위험통제가 가능한 수준이라는 이야기다. 보다 근본적으로 한국경제의 미래를 불안하게 만드는 문제는 바로 세계에서 가장 낮은 출산율과 가장 빠른 속도로 진행되는 고령화 현상이다.

특히 우리나라는 '인구폭발'에서 '세계 최저 출산율'에 이르기까지 인구구조 변화가 유례없이 급격하게 이뤄지고 있다. 나이 지긋한 사람들은 경험으로 잘 알겠지만, 남아선호 사상이 강했던 1960~1970년대는 그야말로 '인구폭발'이라 표현해도 과언이 아닐 만큼 아이들이 많이 태어났다. 1970년 의 출산율은 무려 4.5명으로, 큰아이가 부모를 대신해 막내 를 키우던 시절이었다. 또 조카가 막내삼촌보다 나이가 많은 경우도 있었다. 학교는 교실이 부족해서 2부제 수업을 해야 했다.

이 시절엔 당연히 폭발적으로 늘어나는 인구를 줄이는 것 이 국가의 최대 과제였다. "딸 아들 구별 말고 둘만 낳아 잘 기르자", "잘 키운 딸 하나 열 아들 안 부럽다" 같은 캠페인과 강력한 출산억제책이 쏟아져나왔다. 그 결과 1983년에는 드 디어 대한민국의 출산율이 인구대체율(현재 인구 수준을 유지할 수 있는 자녀의 비율) 수준인 2.1명까지 낮아졌다.

출산억제책이 이쯤에서 멈췄으면 좋았을 텐데, 10년이 훨 씬 지난 1996년까지도 그러한 정책기조가 유지되었다. 급기 야 2001년 한국의 합계출산율은 가임여성 한 사람당 1.30명 으로 전통적 저출산 선진국인 미국, 영국, 프랑스보다도 낮아 졌고 2002년에는 1.17명으로 세계 최저를 기록했다. 결국 2005년 1.08명까지 하락한 이래 '세계 최저 출산율'이라는 반갑지 않은 기록을 한국이 계속 보유하고 있는 상황이다.

여성들의 고학력화와 사회 진출이 급격히 진행된 반면 출

표 1-1 OECD 국가들의 합계출산율 비교						(단위: 명)
	한국	일본	미국	영국	프랑스	이탈리아	독일
2009년	1.15	–	–	–	–	–	–
2008년	1.19	1.37	2.09	1.96	2.00	1.41	1.38
2007년	1.25	1.34	2.12	1.90	1.96	1.38	1.37
2006년	1.12	1.32	2.10	1.84	1.98	1.35	1.33
2005년	1.08	1.26	2.05	1.79	1.92	1.32	1.34
2004년	1.15	1.29	2.05	1.77	1.90	1.33	1.36
2003년	1.18	1.29	2.04	1.71	1.87	1.29	1.34
2002년	1.17	1.32	2.01	1.64	1.86	1.27	1.34
2001년	1.30	1.33	2.03	1.63	1.88	1.25	1.35

자료 OECD Factbook.

산과 육아는 여성의 책임이라는 전통사회적 관성은 바뀌지 않아 여성들의 출산기피 현상이 심화되면서 반갑지 않은 세계 1등 타이틀을 유지하고 있는 것이다.

마침내 깜짝 놀란 한국 정부가 2000년 이후부터는 "자녀에게 물려줄 최고의 유산은 형제입니다", "아빠! 혼자는 싫어요. 엄마! 저도 동생을 갖고 싶어요" 같은 캠페인을 벌이고 심지어 출산장려금까지 지급하면서 출산을 유도하고 있지만 역부족이다. 한번 낮아진 출산율은 이민정책을 바꾸어 이민자에게 문호를 개방하지 않는 한 다시 높아지기 어려울 것으로 보인다. 급속도로 줄어드는 노동력을 대체하기 위해 다민족 사회와 다문화의 수용을 전향적으로 고민해야 하는 시점에 어느덧 우리가 와 있는 것이다.

▮▮ 현재진행형 위기 '장수리스크'

유엔인구기금의 〈2010 세계 인구현황 보고서〉 한국어판에 따르면 한국인의 평균수명이 크게 늘어 남자가 76.4세, 여성이 82.9세로 나타났다.

평균수명이 길어진 것은 다행이지만 문제는 고령화가 너무 빠른 속도로 진행되고 있다는 점이다. 미처 장수사회를 맞을 준비가 안 된 상태라는 것이 국가적으로 큰 고민거리이자 짐이 되고 있고 개인으로서도 경제적으로 발등에 불이 떨어진 셈이다. 이른바 '장수리스크'가 현실화되고 있는 것이다.

우리나라는 2000년에 65세 이상 노인이 전체 인구의 7.2%로 이미 고령화사회에 진입했고, 2019년에는 고령사회(노인인구 14% 이상)로의 진입이 예상되고 있다. 특단의 출산 대책이 없는 한 2026년에는 현재의 일본과 같은 초고령사회(노인인구 20% 이상) 진입이 확실시되고 있다.

고령화사회에서 고령사회로 진입하는 데 프랑스는 115년, 스웨덴은 85년, 이탈리아는 61년, 일본은 23년이 걸린 반면 한국은 19년밖에 안 걸렸다. 고령화되는 속도 면에서도 역사상 그 유례가 없는, 반갑잖은 세계 1등인 셈이다. 고령사회에서 초고령사회로 진입하는 속도 역시 독일은 37년, 스웨덴은 42년, 일본조차 12년이 걸렸는데 우리나라는 8년밖에 안 걸릴 것으로 추정된다. 한국인의 '빨리빨리 문화'가 이런 부분

표 1-2 고령화사회로의 전환을 보여주는 연령 계층별 인구 구성비

	1980년	1990년	2000년	2010년	2020년	2030년	2040년
1∼14세 인구비율	34%	25.6%	21.1%	16.2%	14.3%	11.4%	10.3%
65세 이상 인구비율	3.8%	5.1%	7.2%	11%	14.3%	24.3%	32.5%

자료 통계청. "2009년 한국의 사회지표".

그림 1-1 전국 인구추계 피라미드 모형

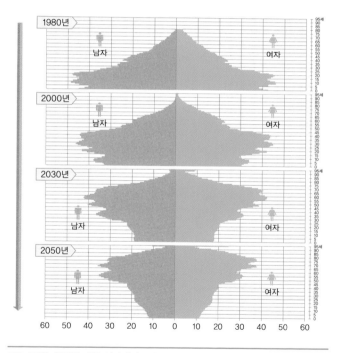

자료 통계청. "움직이는 인구피라미드". (http://sgis.nso.go.kr/pyramid/view_country.asp)

에서까지 능력을 발휘할 줄 누가 알았겠는가.

우리나라의 시대별 인구 구성을 보면 1980년대 이전까지는 젊은 세대가 노인세대보다 훨씬 많은 피라미드형이었지만, 2005년 무렵에는 베이비부머가 중간 허리로 올라서면서 어린아이는 적게 태어나는 항아리형으로 이미 바뀌었다. 2050년대가 되면 역피라미드형, 즉 중장년과 노인세대가 젊은 세대보다 압도적으로 많은 형태로 바뀔 전망이다(통계청 인구추계 인용).

앨빈 토플러가 강조한 대로 인구통계가 미래를 비추는 가장 정확한 거울이라고 본다면 세계에서 가장 빠른 속도로 진행되고 있는 저출산-고령화 인구통계는 한국의 어두운 미래를 정확하게 예언하는 델파이의 신탁인 셈이다.

03 저출산–고령화의 충격: 인구지진

▌▌ 지구촌을 휩쓸고 있는 고령화 쓰나미

그렇다면 이 같은 저출산–고령화의 인구통계가 보여주는 한국사회의 미래 자화상은 어떤 모습일까? 한마디로 '고령화 쓰나미', '인구지진' 등의 충격적인 용어로 요약된다.

언론인 폴 월리스(Paul Wallice)는 《증가하는 고령인구, 다시 그리는 경제지도》라는 책에서 저출산–고령화의 후폭풍을 '인구지진(agequake)' 이라고 표현했다. 나이(age)와 지진(earthquake)의 합성어인 이 용어는 저출산–고령화의 충격이 리히터 지진계로 9도 이상의 지진만큼이나 엄청난 것이어서 베이비붐 세대가 퇴직하는 2020년 이후 서방경제가 근본부터 흔들릴 것이라는 불길한 의미를 담고 있다.

젊은 노동인구가 감소하면서 ① 경제성장이 저하되고 ② 노령인구에 대한 사회적 부양 부담이 커지며 정부의 재정적자가 기하급수적으로 악화되는 한편, ③ 총인구가 줄어 부동산 시장이 침체되고 ④ 저금리가 장기화하는 등 세계경제 전체가 장기적이고 총체적인 불황 국면에 접어들게 되리라는 것이다.

인구문제 전문가이자 뉴아메리카 재단의 연구원인 필립 롱맨(Phillip Longman)도 〈Foreign Policy〉 2010년 11월호에 기고한 글에서 "지구촌에 고령화 쓰나미가 몰려온다. 이에 대비하지 않으면 세계는 더 가난해질 것이다"라고 우려했다.

▮▮ 소비감소와 경기하강의 나선형 덫

저출산-고령화가 경제에 미치는 악영향은 여러 가지 경로로, 복합적으로 나타날 것이다. 우선 공급 측면에서 보면 생산가능인구(15~64세)의 비율이 낮아지고 총인구도 감소해서 경제성장의 기본 요소인 노동인구가 줄어들 것으로 예상된다.

또한 소비 측면에서는 개인과 기업과 정부의 소비가 모두 줄어들 것으로 우려된다. 소비가 왕성한 젊은 세대는 줄어드는 반면, 평균소비율이 40대의 65%에 불과한 60대 이상 가구가 급증하면서 그렇지 않아도 크지 않은 내수시장이 더 위축될 수밖에 없다. 더욱이 고령화가 진행되는 데 따른 장수리스크가 아주 먼 미래의 이야기가 아닌, 당장 나에게 닥친 현실적인 문제라는 인식이 커지고 확산될수록 노후에 대비해 현재소비를 줄이려는 경향이 함께 나타날 것이다.

소비수요가 둔화되면 어떻게 되는가? 기업이 물건을 만들어봐야 팔리지 않기 때문에 '기업의 소비'라고 할 수 있는 '투자'가 줄어든다. 이미 분유나 기저귀, 유아복 등 어린이를 소비층으로 하는 상품이나 유아원 등의 서비스업체가 큰 타격을 입고 있다. 베이비붐 시기에 많이 설립된 지방의 초등학교들은 이제 학생이 사라져 폐교로 버려지고 있다. 어린이 대상 상품을 생산하는 기업들은 어떻게든 살아남기 위해 고급화 전략으로 돌파구를 찾고 있지만 그 역시 쉽지 않은 상황이다.

지금은 그나마 유아용품 회사들만 타격을 입고 있지만 이 아이들이 어른이 되는 머지않은 미래에는 기업이나 서비스산업 전체에 걸쳐 전방위적으로 생산감소의 충격이 확산될 것이다.

이러한 어두운 그림자가 개인과 기업에만 드리워진 것은 아니다. 경제를 구성하는 세 번째 소비주체인 정부 역시 국민연금과 건강보험 등 노인층을 위한 공적부양 때문에 다른 곳에 돈을 쓸 여력이 없어져 불황에 대응하는 재정수단이 제한을 받을 것이다. 이 때문에 일부 학자들은 일본경제의 잃어버린 10년 현상에 대해, 엔고와 부동산버블 붕괴라는 촉매제가 작용하긴 했지만 보다 근본적인 경기침체의 핵심 원인은 바로 일본사회가 경제활력을 잃은 초고령사회에 진입한 탓이라고 진단했다.

신용평가사인 스탠더드 앤드 푸어스(S&P)는 저출산−고령화의 영향으로 한국의 경제성장률이 현재의 5%에서 2045년에는 G20 회원국 가운데 가장 낮은 0.7%를 기록할 것이라는 어두운 전망을 내놓기도 했다.

한마디로 현재 한국이 맞닥뜨린 저출산−고령화는 ① 젊은 노동력이 줄어들고 ② 소비가 줄어들며, 그로 인해 ③ 공급과 생산도 줄어들고 ④ 노령인구에 대한 천문학적 지원 때문에 재정적자가 급증하면서 국민의 세 부담이 커지고, 이로 인해 ⑤ 가처분소득(可處分所得, disposable income; 개인소득 가운데 소비와 저축을 자유롭게 할 수 있는 소득)이 줄면서 또다시 소비가 줄어드는 악순환의 덫에 빠질 것이라는 불길한 전조 증세인 것이다.

경제통계가 무서운 까닭은 숫자 자체만 보면 얼마 안 되는 것 같은 근소한 하락의 이면에 장기적 불황과 실업이라는 너무나 고통스런 현실이 도사리고 있어서다.

■■ '요람에서 무덤까지' 시대의 종언

경제성장 둔화와 재정적자 증가는 당연히 국가의 사회보장능력 저하로 이어지게 마련이다. '요람에서 무덤까지' 라는 말로 대변되는 국가의 사회보장 정책 중 대표적 제도인 국민연금의 경우, 젊은 노동력의 감소로 연금을 내는 사람 수 자체가 줄어드는 데다 경제성장 하락으로 임금이 줄어들어 연금 불입액도 감소할 것이다. 반면 고령화의 진전으로 연금 수령자는 급격히 증가할 것이어서 국민연금 고갈 현상은 현재로서는 필연적 귀결일 수밖에 없다.

우리보다 먼저 국민연금제도를 실시했고 고령화사회로도 먼저 진입한 유럽이 연금개혁으로 인해 진통을 겪고 있는 것을 보면 한국의 미래가 어떤 모습일지 대강은 예측이 가능하다. 예를 들어 EU 국가들은 평균적으로 GDP의 12%를 연금 지급에 사용하고 있는데 연금지급액이 늘어나면서 경제성장 모멘텀이 떨어져 심각한 재정위기로 신음하고 있다. 리먼 브라더스 파산 사태 이후 국제금융시장의 일대 혼란 속에서 발생한 그리스의 재정위기도 사실 가장 큰 원인은 연금적자였다. 2009년 그리스의 사회보장 부문 적자는 GDP의 6.3%나 되었다.

범유럽공동체의 좌장으로 그리스에 대한 재정지원을 요청받은 독일 등은 금융지원에 앞서 그리스가 연금개혁안과 재정적자 해소방안부터 마련해야 한다고 강력하게 주장했다. 당연한 요구였다. 자국 국민들이 낸 세금이 엉뚱하게도 남의 나라 국민들에게 연금을 지급하는 데 쓰이는 것을 좋아할 국가는 없다.

프랑스도 연금개혁을 앞두고 준(準)전시 상황과도 유사한

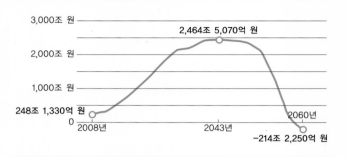

그림 1-2 **국민연금기금 적립금 전망(2008년 추정)**

자료 보건복지가족부 · 국민연금재정추계위원회.

사회적 몸살을 앓았다. 2010년 11월 10일자로 공포된 프랑스 연금개혁법의 핵심내용은 현행 60세인 퇴직연령을 62세로 연장하고 그에 따라 연금 100% 수급 개시일을 65세에서 67세로 늦추는 내용이었다. 이를 반대하는 국민들이 대규모 파업에 들어가면서 경제가 마비되었고 시위대와 이를 진압하는 경찰 사이에 격렬한 몸싸움이 벌어지는 등 엄청난 피해가 발생했다. 초고령사회 일본도 연금개시 연령을 70세로 바꾸려는 움직임을 보이고 있다.

우리나라도 국민연금 부담요율은 오르고 혜택은 줄어드는 추세다. 1988년 처음으로 국민연금이 도입될 당시에는 소득대체율이 은퇴 직전 소득의 70%에 달해 열심히 국민연금을 부으면 장밋빛 미래설계가 가능했다. 그러나 1998년에는 소득대체율이 60%로 내려가더니, 2008년에는 50%로 내려갔고 이후 점진적으로 더욱 인하되어 2028년에는 40%까지 낮아지도록 개정되었다. 그나마도 40년 이상 일해야 40%를 받는 것이므로 조기퇴직이 일반화된 현실에서 실질적 소득대체율은 훨씬 더 낮아진다고 보아야 한다.

▌▌ 신빈민층 '메디컬 푸어'의 등장

고령인구가 늘고 평균수명이 늘어날수록 건강보험 재정에 대한 우려도 커지고 있다. 의료보험료를 내는 사람은 감소하는 반면 아픈 노인은 기하급수로 증가할 것이기 때문이다.

선진국의 경험으로 볼 때 고령화사회의 의료비 지출은 J형 커브와 같은 급격한 증가 현상을 보인다. 한국에도 이른바 '메디컬 푸어(medical poor)'라는 신빈민층이 형성될 것으로 우려된다. 아파도 약을 사 먹지 못하고 병원에도 가지 못하는 의료빈민층이 급증하리라는 것이다.

국민건강보험공단의 통계를 보면 건강보험 재정수지는 이미 2010년 6월부터 4개월 연속 적자가 계속되어 2010년 9월 말 현재 누적적자가 4,847억 원에 이른다. 적자 발생의 요인을 깊이 들여다볼수록 문제의 심각성은 더 크게 다가온다. 고령화로 암이나 뇌질환, 노인성 질병이 늘어나면서 항암제와 MRI(자기공명영상), 고가 치료제, 진단기기에 대한 의료비 지급이 늘어나 앞으로도 매달 2,000억~3,000억 원의 적자가 발생할 전망이다.

보험급여비의 증가세는 이처럼 지속되는 반면 장기적 경기 침체로 급여 수입은 회복이 더딜 것으로 보여 재정운영상의 어려움이 가중될 것으로 예상된다. 수천만 명의 의료빈민이 있는 것으로 추정되는 미국의 경우 건강보험 재정적자를 해소하기 위해 근로소득뿐만 아니라 자본소득에 대해서도 보험료를 부과하는 방안을 검토하고 있다. 이대로 가다가는 한국에서도 향후에는 근로소득뿐만 아니라 전체 소득에 기초해 보험료를 부과해야 한다는 주장이 커질 것이다.

▮▌ 막내린 부동산 불패 신화

한국경제의 근세사에서 화려한 불패 신화를 이어온 부동산시장도 저출산─고령화의 후폭풍에 휘말릴 것으로 보인다. 향후 부분적 등락을 거듭할지는 모르지만 하락추세가 장기화할 전망이다.

우선, 총인구 감소로 전체 주택수요가 줄어들 수밖에 없다. 1960년에 2,500만 명이었던 우리나라 총인구는 2009년에는 4,850만 명으로 매년 48만 명씩 증가하다 2022년에는 5,060만 명에 그칠 전망이다. 증가 인구가 매년 16만 명에 불과해 그 증가세가 현저히 축소되는 것이다(통계청 인구추계).

인구가 증가하던 시절에는 자고 나면 부동산 값이 폭등하고 계약하는 자리에서 값이 또 오르는 찬란한 불패 신화의 주인공이 바로 부동산이었다. 그러나 이젠 그 신화가 무너져내리고 있다.

인구변화와 부동산경기 사이에는 큰 상관관계가 있는 것으로 추정된다. 1958년에서 1974년 사이에 태어난 후기 베이비부머 1,600만 명이 본격적으로 사회에 진입하고 결혼을 하기 시작한 시기가 1980년대 중후반이었다. 마침 이 무렵, 즉 1980년 후반에 중소형 주택과 전세난이 심각해졌고, 이들이 40대가 되면서 소득이 증가하고 자녀가 증가하면서 2000년대 초반에 중대형 주택수요가 급증하는 추세를 보였다. 따라서 이 후기 베이비부머들이 본격적으로 은퇴하는 2010년 이후부터는 중대형 주택부터 가격의 거품이 서서히 꺼지기 시작할 것으로 전망된다. 자녀들을 모두 출가시키고 나면 큰 집에서 살아야 할 이유가 없어 일단 집부터 줄이려고 할 것이기 때문이다.

또한 단순한 인구감소뿐만 아니라 경제활력의 감소로 이어지고, 이는 일자리와 가처분소득의 하락을 불러와 주택수요와 상업용 부동산수요가 모두 감소할 것이다. 주택수요는 가처분소득과 대출금리, 미래 주택가격에 대한 예측의 함수로 표현된다.

> **주택수요(demand for house)**
> **= f{가처분소득, 대출금리, 미래 주택가격에 대한 예측}**

그런데 저출산-고령화로 경기침체가 장기화하여 일자리가 지속적으로 줄면 소득 자체가 감소할 것이고 거기에다 정부에 내는 세금까지 늘어나면 가처분소득마저 감소하여 집을 살 여력이 줄어들 것이다. 다만 이혼과 별거, 독신 등 '나 홀로 가구' 증가로 소형 주택 수요는 일정 부분 유지될 것이라는 분석도 있기는 하다.

미국 서브프라임 모기지 부실 사태에서 보았듯이 경기하강 국면에서 집값의 거품이 붕괴하면 그것은 연쇄적으로 더 큰 재앙을 부른다. 주택가격이 하락하면 담보가치가 하락하기 때문에 금융기관의 부실이 심화되고 늘어난 부실채권 때문에 자기들 앞가림하기도 힘들어진 금융권이 대출을 꺼리게 됨으로써 경기가 침체 국면에 접어든다. 침체된 경기로 고용이 줄고 임금도 줄어들어 가계소득이 감소하면서 또다시 주택매물이 증가하여 주택가격이 추가 하락하는 악순환에 빠져드는 것이다.

▌▌ 장기화하는 저금리 시대

당연히 금융시장도 저출산-고령화의 덫에서 자유롭지 않다.

경제가 활기를 잃으면 투자를 위한 자금수요가 줄어들어 저금리의 장기화 추세가 형성될 것이다. 은퇴 시에 퇴직금을 타서 은행에 넣어두었다가 은행이자 받아서 노후에 생활하면 되지 않겠느냐고 하는 건 이제 옛말이다.

저금리가 장기화될 수밖에 없는 요인도 위에서 밝힌 구조 탓이다. 인구감소로 소비가 감소하고 미래를 대비하려는 동기 탓에 현재소비가 이중으로 감소하면서 경기가 장기적으로 위축될 수밖에 없기 때문이다.

그림 1-3 최근의 저금리 추세 그래프

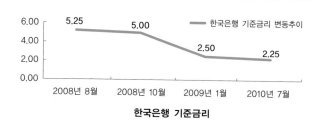

한국은행 기준금리

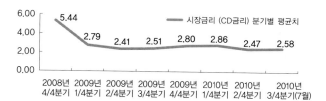

시장 금리

자료: 한국은행.

초저금리가 지속되면 금융시장의 강도 높은 구조재편이 예상된다. 지금까지 안전한 은행과 보험사 의존도가 높았던 사람들이 적립식 펀드 등 다소의 위험을 감수하더라도 고수익이 예상되는 분야로 유입될 가능성이 높아지고 이탈하는 금융소비자들을 잡기 위해 은행과 보험사는 자산신탁이나 변액보험 등 적극적인 자산운용으로 돌아설 것으로 전망된다.

또한 저금리의 덫을 피해 금융기관들이 신흥경제개발국에 투자할 가능성이 갈수록 높아져 글로벌 펀드가 활성화될 수 있다.

▋▋ '장수'가 '재앙'이 되지 않으려면

통계청이 2005년 자료를 근거로 2009년 초에 밝힌 〈향후 10년의 사회변화 보고서〉를 보면 노년부양비율(65세 이상 인구를 15~64세 생산가능인구로 나눈 비율)이 2008년에는 14.3%였지만 '고령사회'로 진입하는 2018년에는 19.7%로 급등한다. 노인 1명을 생산인구 7명이 책임지다가 5명이 떠받치게 되는 셈이다. 노년부양비율은 2036년에는 무려 48.9%에 달해 생산인구 2명이 노인 1명을 맡게 된다.

여기에 핵가족화가 진전되고 자녀의 부모 부양 기피 현상이 심화되는 추세다. 오히려 갈수록 높아지는 청년실업 때문에 헬리콥터족, 캥거루족, 연어족 등 부모에 의존해 사는 자

그림 1-4 노년부양비율 추이

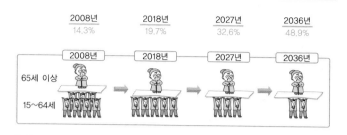

| 2008년 | 2018년 | 2027년 | 2036년 |
| 14.3% | 19.7% | 32.6% | 48.9% |

주 노년부양비율 : 65세 이상 인구/15~64세 인구×100
자료 통계청(2009). 〈향후 10년의 사회변화 보고서〉.

- **헬리콥터족** 지붕 위를 맴도는 헬리콥터처럼 부모 주변을 맴도는 자녀들.
- **캥거루족** 캥거루 주머니에 든 캥거루 새끼들처럼 부모에 의지해 사는 자녀들.
- **연어족** 독립해 나갔다가 다시 집으로 돌아와 부모에게 의존해 살고 있는 자녀들.

녀들이 더 늘어나면서, 부양을 받기는커녕 끝없이 부양을 해줘야 하는 상황이 벌어지고 있다.

우리보다 앞서 초고령사회에 접어든 일본의 이면을 잠깐 들여다보자. 2010년 2월 현재 일본에서는 65세 이상 노인이 3,000만 명 정도로 노인 6명 가운데 1명은 혼자 사는 것으로 추정된다. 아무도 찾아주는 사람이 없어 쓸쓸하게 죽어가는 '고독사'는 이미 기삿거리도 안 될 만큼 일반화되었고, 부모가 사망한 지 몇 년 혹은 몇십 년이 되었는데도 부모 이름으로 계속 연금을 타는 자녀들까지 나오고 있다.

2010년 일본 언론을 떠들썩하게 만든 사건이 하나 있다. 100세를 훨씬 넘겨 살면서 연금을 수령한 일본의 한 노인 이야기다. 이 노인이 111세가 되면서 일본 최장수 기록을 세우게 되었다. 최장수 사실을 확인하고 축하금을 전달하기 위해 사회복지사가 이 노인을 찾아갔더니 노인은 이미 30년 전에 사망하고 없었다. 노인이 오래전에 사망했는데도 자녀가 죽은 부모를 사칭해 연금을 받아왔던 것이다.

세계 최고 장수국가라는 명예를 누리는 일본의 어두운 뒷모습은 바로 우리나라가 직면한 장수위험을 분명하게 예고하고 있다. 60세 장수를 하면 환갑잔치를 벌이고 80세를 넘겨 장수하면 국가에서 벼슬까지 추증(追贈)하던 시절도 있었지만, 너무 오래 살게 된 현대인에게 준비되지 않은 노후, 준비되지 않은 장수는 이제 축복이 아니라 두려움과 재앙이 될 수도 있는 상황이 도래한 것이다.

2장

생애재무설계의 이해

01 생애재무설계의 개념

▌▌생애재무설계의 핵심: 계획성, 장기성, 합리성

앞서 여러 가지 통계와 사례를 들어 설명한 것처럼 적극적으로 준비하지 못한 채 수동적으로 맞게 된 미래, 예기치 못한 장수는 온 집안 식구가 함께 축복하는 것이기보다는 아무도 찾아오지 않는 지하 단칸방에서 빈곤이나 고독에 시달려야 하는 재앙이 될 수 있다. 일본의 사례가 보여주듯 가난하고 외롭게 살다가 사회복지사가 찾아주기 전까지는 아무도 모르는 쓸쓸한 죽음으로 이어질 수 있는 것이다. 미래의 운명을 엿보기 위해 목숨을 걸어야 했던 옛날과 달리 현대의 인구통계학자들은 이 같은 미래위험을 과학적 확신을 갖고 예언할 수 있다.

그렇다면 비참한 노년을 피할 방법은 무엇인가. 가장 시급한 일은 현재 나이와 상관없이 당장 재무설계를 시작하는 것이다. 나라가 저출산-고령화의 초입에 들어서는 시기에 직장 생활을 시작하고 고령화의 재앙이 본격화되는 상황에서 은퇴를 맞는 사람들에게 재무설계는 단순한 선택의 문제가 아니라 미래 생존을 담보하기 위한 절대적이고 필수적인 선결조건이다.

생애재무설계란 '개인의 삶 전반에 걸쳐 발생하는 주요 자금수요에 대응하기 위해 그 규모를 사전에 예측하고 소득의 합리적 관리와 적정 투자를 통해 중장기적으로 금융자산을 비롯한 기타 자산을 늘려나가는 것'으로 정의할 수 있으며, 그 핵심은 계획성, 장기성, 합리성 세 가지로 요약된다.

① 계획성

정부와 기업, 개인 등 모든 경제주체는 합리적인 계획 수립이 반드시 필요하다. 정부는 예산을 효율적으로 사용하기 위해 경제개발 5개년 계획 등을 세우고 미래위원회를 두어 앞으로 일어날 일을 대비하며 미래에 투자한다. 기업은 연구개발 투자를 통해 다음 세대의 신수종 산업을 미리 예측하고 계획한다. 예측과 투자가 없다면 컴퓨터가 전보와 텔렉스를 삼키고 전화가 전보를 평정하고 디지털카메라가 필름산업을 없애버린 것 같은 상황이 계속해서 벌어질 것이기 때문이다.

개인 소비자 역시 먼 미래, 즉 은퇴기와 노년기를 사전에 예측하고 계획하여 현재의 소비와 저축을 합리적으로 조절해야 한다. 20대 말에는 결혼자금 준비, 30대 초에는 주거비 마련, 30대 말과 40대에 걸쳐서는 자녀교육비는 물론 50대 후반 이후를 대비한 은퇴자금 마련 등 삶 전체의 주요 사건에 대비해 미리 자금수요 및 규모를 파악하고 계획을 세워야 하는 것이다.

② 장기성

생애재무설계에는 장기적 실행이 필수적으로 뒤따른다. 결혼자금 마련은 최소 3년, 주택 마련은 5~10년 계획, 은퇴 목표를 달성하는 데는 수십 년이 걸린다. 이 기간 동안의 인플레이션율을 감안해야 하고, 이 책 뒷부분에서 자세히 설명하겠지만 복리효과를 극대화하기 위해서라도 장기설계를 해야 한다. 적립식 투자나 펀드에 가입할 때도 반드시 장기적 관점으로 예측하고 실행해야 한다.

③ 합리성

생애재무설계를 할 때는 '안전성과 수익성, 환금성의 합리적 균형'이라는 원칙에 따라 체계적이고 전략적으로 접근하는 것이 중요하다. 특정 시기에 꼭 필요한 자금을 모으는 일이므로 안전성의 중요성은 두말할 나위가 없다. 그러나 요즘 같은

초저금리 시대에 지나치게 안전일변도의 자산운용만 하다가
는 목표수익에 도달할 수 없다. 위험관리가 가능한 수준에서
합리적으로 투자하되 적극적 투자도 병행할 필요가 있다. 적
정한 위험을 감수한 고수익과 안전성 사이의 줄타기를 얼마
나 잘하느냐 하는 전략적 실행이 관건이다.

▌▌ 재테크와 재무설계는 다르다

곧잘 재테크와 재무설계가 혼동되는데, 사실 매우 다르다. 재
무설계는 평생에 걸쳐 구체적 목표를 먼저 정하고 그 목표를
위해 중장기 소비-투자 계획을 세우고 실행하는 것이다. 반
면 재테크에는 필요한 생애자금수요의 파악이라는 사전적 계
획의 요소가 없다. 재테크는 부동산이나 금융 등 특정 자산을
빠른 속도로 증식하기 위한 각종 수단과 방법론을 의미할 뿐
이며 단기적 수익률 극대화, 즉 돈을 빨리 많이 버는 데만 집
착하는 용어인 것이다. 또 재테크에는 안전성에 대한 고려보
다는 높은 수익률에 방점이 찍혀 있다. 이렇게 투기적 의미가
포함되기 때문에 계획성 없고 무모한 투자도 고수익률이라는
목표로 합리화된다. 더욱이 재테크는 일본에서 경제버블이
한창이던 1980년대에 등장했다가 현재는 인기를 잃고 있는
단어 가운데 하나다.

02 생애재무설계의 기본 목표: 삶의 캔버스를 채워보기

생애재무설계를 하면 합리적 자금계획과 집행을 통해 평생에 걸친 소비 최적화와 소비만족 극대화를 이룰 수 있다. 생활에 필요한 자금은 평생에 걸쳐 지속적으로 준비되어야 하지만, 이를 위한 소득은 은퇴 이후부터 완전히 중단되므로 자금의 수요와 공급 간의 기간별 미스매치를 합리적으로 조정해 생활의 일관성을 유지하는 것이다. 이제 생애재무설계의 기본 목표와 프로세스를 개략적으로 살펴보자.

▮▮ 생애 전체에 걸친 자금수요의 예측과 설계

생애자금수요의 추정과 설계는 내 삶의 전체를 총체적 관점으로 생각해보는 데서 시작된다.

이제 내 삶을 하나의 커다란 캔버스라 생각하고 여기에 연애, 결혼, 내집마련, 출산, 양육, 자녀의 결혼, 은퇴 등의 중요한 일들을 마음의 붓으로 그려본다. 단, 이 그림은 언제든 덧칠하고 고칠 수 있는 유화가 아니라 정해진 시간에 그리지 못하면 회벽이 말라버려 다시는 그릴 수 없는 프레스코화다. 따라서 반드시 원근감과 균형감, 중요하게 강조할 대상을 사전에 충분히 고려한 후에 비로소 붓을 대야 한다. 연애나 결혼, 자녀양육이나 내집마련 등 시간적으로 앞서는 사건을 너무 크게 그려버리면 나중에 은퇴라는 그림을 그려 넣을 공간이 없어지는 것이다.

다음으로는 자금수요 예측을 해본다. 결혼자금 마련, 전세자금 마련, 내차 마련, 자녀의 대학학자금 마련, 내집마련, 은퇴자금 마련, 노후 의료비 대책, 예상치 못한 큰 사건사고에 대한 대책 등 나이별 기간별로 생애 전체를 아우르는 자금목표를 가능한 한 구체적으로 설정한다. 또 각각의 자금목표를 달성하는 데 걸리는 시간을 추정해서 재무설계의 밑그림을 그린다.

▮▮ 소득과 자산의 증대와 보호

필요자금의 규모와 자금마련에 걸리는 시간을 추정한 후에는 구체적인 목돈마련 수단을 선택한다. 우선 목표자금 마련을 위해 소득의 얼마를 저축하고 투자할지를 생각해본다. 다음으로는 큰 관점에서 어떤 식으로 자산을 키우고 보호할 것인지 전략을 세운다. 가령 나이가 젊을 때는 다소 공격적인 투자로 위험을 관리하면서 높은 수익률을 확보해 소득과 자산을 키워나가다가 일정 나이가 되면 안전자산 위주로 보호하는 전략, 부동산과 금융자산을 합리적으로 배분하는 전략 등을 마련하는 것이다.

세 번째로는 이 전략에 따라 구체적인 투자수단을 알아본다. 투자수단을 확정짓기 전에 반드시 할 일은 은행과 보험사, 증권사 등 금융회사가 경쟁적으로 제시하는 각종 금융상품에 대해 장단점과 특징을 철저하게 파악해야 한다는 점이다. 구두 하나를 사는 데도 이 가게 저 가게 발품을 팔아가며 사면서 자신의 삶 전체를 결정짓는 중요한 장기투자수단을 결정할 때는 별다른 생각 없이 주변에서 권하는 대로 추종하는 태도는 결코 바람직하지 못하다.

▮▮ 효율적인 수입과 지출의 관리

한정된 소득을, 미래를 위해 저축하고 투자할 때는 주택, 자동차 등 대규모 지출이 예상되는 상품뿐만 아니라 일상적인 재화와 용역에도 효율적인 지출관리가 이루어질 수 있도록 합리적으로 소비지출을 관리해야 한다. 이를 위해 현금흐름표, 가계부 등을 쉬운 말로 작성해본다. 생애설계용 가계부는 콩나물이 얼마이고 두부 두 모가 얼마라는 식으로 지나치게 자세하게는 적지 않아도 된다. 일단 총체적으로 식비 얼마, 외식비 얼마, 의류비 얼마 등으로 적어서 지출항목에 따른 현금유출 규모를 관찰한다. 특정 분야에서 지나치게 많은 현금흐름이 발생한다 싶으면 그것만 구체적으로 적어봐서 자신의 낭비 요인을 점검하고 이를 저축이나 투자로 전환하는 노력을 기울인다.

개인 신용관리도 중요한 요소다. 신용이 높으면 대출이나 마이너스 통장 등 대출금리가 싸지기 때문이다. 바람직한 신용관리를 위해서는 주거래 금융기관을 정해 신용카드를 합리적으로 사용하면서 오랫동안 신용 기록을 쌓아야 한다. 돈 많은 부자가 신용이 높은 것이 아니라 작은 규모라도 꾸준히 약속을 잘 지키는 사람의 신용이 더 높다는 사실을 명심하자.

▮▮ 노후설계와 상속/증여

생애재무설계에서 특히 중요한 분야가 은퇴 이후 맞게 될 긴 노년 기간 동안 고정소득을 확보하기 위한 연금설계라고 할 수 있다. 오랫동안 장기적으로 지속해야 하는 중요한 일인 만큼 합리적 소비와 효율적 투자전략을 세우고 장기적으로 집행해야 한다.

또 이미 노년기에 접어든 사람이라면 고정적으로 받는 연금 이외에 예기치 못한 자금수요에 대비하며 자녀를 위한 상속과 증여의 절세방법을 찾아본다. 기존에 연금설계를 하지 못한 채 노년을 맞아 집 한 채만 있을 뿐 현금 마련이 어려운 사람이라면 역모기지 등의 방법을 찾아본다.

은퇴자 시점으로
내 삶을 재구성하기

재무설계를 제대로 이해하려면 앞서 설명한 대로 개개인의 삶 전체를 하나의 큰 캔버스로 보고 원근감과 균형감을 따져 보는 일이 중요하다.

연애를 하는 젊은 청춘은 페로몬의 세례를 흠뻑 받아 다른 것은 눈에 들어오지 않는다. 그래서 월급을 받아 애인과 함께 레스토랑에서 값비싼 와인과 저녁을 먹는 데 돈을 낭비하곤 한다. 호화 예식장에서 결혼식을 올린 후 해외로 신혼여행을 가서 큼지막한 보석 반지와 멋진 명품의류를 사느라 빚을 내거나 신용카드 돌려막기를 한다. 여기에 들어간 대출을 간신히 갚자마자 곧바로 아이가 태어난다. 아이들 사교육비 마련을 위해 또다시 무리를 하고 아들 딸이 어느 정도 크면 각자 방 하나를 줘야 하기 때문에 방이 서너 개 이상인 중대형 아파트에 전세로라도 이사할 필요가 있다고 생각할 것이다. 그래서 무리하게 빚을 내거나 퇴직금을 중간정산해서 집을 늘려 나가는 경우가 많다. 그러다 보니 균형감각이 완전히 무너져 정작 자신들의 노후를 설계할 공간과 여유는 거의 남아 있지 않게 된다. 막연히, 그건 한참 뒤의 일이니까 그때 가서 걱정 하면 된다고 태평하게 생각한다. 그런데 과연 그럴까?

일반적으로 생애자금수요는 30대부터 급격한 상승곡선을 그리다가 자녀가 대학교육과정을 마치는 50대 초반 이후 완 만한 하강곡선을 그린다. 그러나 나이가 들어도 기초 생계비 와 의료비 수요가 있기 때문에 사망 시까지 자금수요가 계속 이 어지는 반면, 임금소득은 일반 직장인을 기준으로 할 때 20대 중후반에서 발생하기 시작해 30대 후반부터 50대 초반까지 크게 증가했다가 50대 중반 은퇴 이후에는 완전히 사라지는 형태를 띤다. 따라서 생애재무설계를 할 때는 노년기부터 먼 저 생각하고 다음으로 40대, 30대, 20대를 거슬러 올라오는 역시점(backward looking) 방식, 삶의 시계를 거꾸로 돌려서 산 '벤자민 버튼(80세의 외모로 태어나 갈수록 젊어지는 사람의 삶을 그 린 〈벤자민 버튼의 시간은 거꾸로 간다〉라는 영화의 주인공)'의 눈으 로 세상을 볼 필요가 있다.

자, 이제 은퇴자의 시점에서 개인의 삶을 다시 한 번 재구 성해보자. 퇴직할 때가 되어 회사에서 목돈으로 퇴직금을 받 아봐야 집 사느라 빌린 대출을 갚고 나면 손에 쥐는 건 얼마 없다. 수십 년 다닌 직장과 동료를 떠나야 하는 감정적 아쉬움과 충격을 줄이기 위해 부부가 해외여행이라도 다녀오고, 그런 후 몇 달 쉬다 보면 비로소 냉혹한 현실과 마주하게 된다. '새로운 직장을 알아봐야겠군' 하며 일자리를 찾아보지만 퇴직한 중장년 세대의 재취업이란 하늘의 별따기다. 친척과 친구, 가족에 대한 체면 때문에 취업의 눈높이를 너무 낮출 수도 없다. 한동안 놀다가 초초해져서 남은 퇴직금으로 분식점이나 식당, 맥주집 같은 걸 해보지만 그나마도 잘 안 되는 경우가 대부분이다.

노년을 담보로 빚을 내서 좋은 교육을 시켜 사회에 내보낸 자녀들은 자기네들 살기도 바빠 부모를 부양할 여유가 없고 국민연금은 65세부터 탈 수 있지만 소득대체율이 대폭 낮아져 이걸로는 기초생활비조차 감당이 안 된다. 집이 한 채 남기는 했지만 부동산 경기 위축으로 잘 팔리지도 않아 자칫 집 한 채만 소유한 현금거지가 되기 십상이다. 그 상태로 30~40년을 살아야 하는 절망적 노년기, 무서운 빙하기가 기다리고 있다는 이야기다.

이렇듯 은퇴자의 시점에서 삶을 재구성해보면 한 살이라도 젊은 지금 당장 무엇을 해야 할지 우선순위가 확실해진다. 노후에 필요한 자금을 대강이라도 계산하고 이 자금을 마련할 수 있는 구체적 예산과 투자방법을 마련해야 한다. 25년 정도

근무해서 30년 이상의 노후 생계비와 의료비를 마련해야 하므로 집을 사거나 아이 교육을 시킬 여유가 별로 없음을 깨닫게 될 것이다. 애인도 중요하고 결혼도 중요하고 자녀도 중요하지만, 최소한의 품위와 생계를 유지할 수 있는 자신의 퇴직 후 30년과 맞바꿀 수는 없다.

3장

재무설계를 위한
금융IQ 높이기

01 리스크에 대한 개인의 성향

■■ 위험회피자와 위험선호자

다음과 같은 실험을 한다고 가정해보자. 사람들에게 각각 50달러씩을 나눠준다. 그리고 동전을 던져서 앞면이 나오면 50달러를 더 주고, 뒷면이 나오면 50달러를 다시 가져가는 조건의 실험에 참여할지 말지를 물어보면 사람들은 어떤 응답을 할까?

이런 동전던지기의 경우 잘하면 두 배를 가져가고 못하면 원금을 잃지만, 기대수익은 각각의 확률이 2분의 1이기 때문에 기대수익 자체는 50달러로 동일하다. 기대수익을 공식으로 표현하면 아래와 같다.

기대수익(expected return)=$100 × 1/2+$0 × 1/2=$50

당신이라면 어떻게 하겠는가? 이 내기에 참가하겠는가? 참가하지 않겠는가? 직관적으로 생각하면 모두가 확실한 50달러를 택할 것 같지만 100달러를 위해 '모 아니면 도(all or nothing)'의 위험을 기꺼이 감수하려는 사람들이 적지 않다. 확실한 50달러를 무조건 확보하겠다는 위험회피자들이 더 많은 세상이기는 해도, 내기에 참가해 100달러를 벌어볼 의향을 지닌 위험선호자들도 있게 마련이다.

위험회피자는 기대수익률이 낮더라도 무조건 안전한 쪽을 선호하므로 이자가 아무리 낮아도 약정수익률을 확실히 지급하고 원금도 안전한 은행이나 보험 등을 선호한다. 반면 위험선호자는 기대수익이 높다면 원금손실 위험을 무릅쓰는 유형이다. 금융기관으로는 증권회사를 주로 활용하는 사람들이다.

그런데 위험에 대한 사람들의 태도는 고정불변이 아니다. 기대수익률의 크기와 손해를 볼 확률이 변하기 때문에 그에 따라 위험회피자가 위험선호자가 되기도 하고 그 반대의 경우도 생긴다. 내기에서 이길 확률이 2분의 1보다 높아지고 다소의 위험을 건 대가로 받게 되는 금전적 보상이 충분히 커진다면 위험회피자도 위험선호자로 돌아설 수 있는 것이다. 결국 누구든 위험을 충분히 낮추면서 높은 기대수익을 내는 것이 관건인 셈이다.

▌▌ 초저금리 시대와 위험선호의 변화

한국경제가 빠른 속도로 성장하던 시기, 은행금리가 워낙 높아서 무리하게 위험을 감수할 필요가 없던 그 시절에는, 은행에 예금과 적금만 열심히 들어도 그 나름의 목돈도 노후자금도 마련할 수 있었다. 그러나 자본과 노동 등 요소생산성이 한계에 이르고 빠른 경제성장에 대한 피로감이 누적된 데다 빈발하는 글로벌 금융위기의 후유증으로 선진국형 초저금리 시대가 오면서 개인들의 고민이 시작되었다. 이제 더는 낮은 예금이자만으로 목표한 목돈을 마련할 수 없게 된 것이다.

은행이나 보험회사 등 전통적으로 안전하다고 평가되는 기관만 단골로 이용해왔던 위험회피자들도 실질금리가 마이너스가 되어 구매력이 하락할 정도가 되면 다소의 위험을 무릅쓰더라도 주식이나 채권에 분산투자를 하고 싶어질 수밖에 없다. 이때 중요한 게 무엇이겠는가? 수익률 목표를 무리하게 높여 잡지 않고 철저한 위험관리와 금융정보 수집, 합리적 투자원칙 등을 통해 이길 확률을 높이는 쪽에 무게중심을 두고 투자하는 것이다.

금융투자의 황금법칙

▮▮ 위험도와 수익률 상충(risk-return trade off)의 법칙

"공짜 점심은 없다(There is no such thing as free lunch)"라는 공식이 가장 정확히 적용되는 곳이 금융시장이다. 위험이 낮으면 수익도 낮고 높은 수익이 기대되는 곳에는 반드시 큰 위험이 도사리고 있기 때문이다.

모든 자산은 위험에 노출되어 있다. 단단한 자물쇠가 달린 장롱에 현금을 고이 모셔놓아도 인플레이션이라는 유령 쥐가 현금의 가치를 갉아먹는다. 결국 돈을 집에 두지 말고 금융기관에 맡겨야 하는데 모든 금융기관과 금융상품은 위험도와 수익률이 상충관계를 이룬다. 따라서 재무설계를 할 때는 반드시 해당 자산과 관련된 위험도와 수익률의 상관관계를 따져봐야 한다.

우선 은행예금은 원금을 보장받는 대신에 수익률이 높지

않다. 초저금리 시대에는 인플레이션을 감안한 실질수익률이 제로에 근접하거나 심지어 마이너스가 될 각오를 해야 한다. 안전한 대신 수익률은 낮은 것이다.

채권은 최초 발행단계에 사서 만기까지 보유할 경우 은행보다는 높은 이자를 챙길 수 있고 원금도 확보할 수 있지만, 갑자기 돈이 필요해서 중도매각을 할 경우에는 원금손실을 입을 수 있다. 드물기는 하지만 높은 이자를 주겠다고 약속한 회사채를 구매했는데 어처구니없게도 회사 자체가 도산할 가능성이 있다. 신용이 나빠져서 돈 구하기가 어렵고 사정이 다급한 회사일수록 높은 회사채 이자를 약속하기 때문이다.

주식은 어떤가. 주가가 오르면 큰 이익을 보겠지만 주가가 하락하면 언제든지 원금손실이 발생한다. 채권과 달리 회사가 도산하지 않아도 원금손실을 입을 수 있다는 이야기다.

한 단계 더 나아가, 선물거래 등 파생상품을 거래할 경우에는 잘하면 대박, 실패하면 확실하게 쪽박을 찬다. 주식은 최악의 경우라도 팔지 않고 기다리다 보면 회사가 도산하지 않는 한 언젠가는 주가를 회복할 기회가 있고 손해를 보더라도 그 한도가 주식투자 원금으로 제한이 된다. 그러나 선물거래는 일정한 조건이 충족되면 강제로 청산을 당하기 때문에 기다릴 여유조차 없다. 전체 거래액의 일부인 10% 정도의 증거금만으로 거래를 할 수 있는 차입효과(leverage effect) 때문에 이익이 나면 엄청나게 나지만 손해가 날 경우에도 감당하기 어려울 만큼 큰 손해를 볼 수 있다. 수백 년 역사와 전통을 지닌 영국의 유수한 금융회사 베어링 사가 싱가포르 지사에 근무하는 닉 리슨이라는 28세의 젊은 직원 한 사람이 추진한 주가지수 선물 거래로 하루아침에 도산해 ING 사에 단 1달러에 팔린 사례가 선물거래의 위험성을 상징적으로 보여준다.

한마디로 '임도 보고 뽕도 따고', '산 좋고 물 좋고 정자도 좋은' 금융 및 투자 상품은 없다는 냉정한 마음가짐이 필요하다. 금융상품 가입을 권유하는 금융회사 직원이 일반 금융상품보다 훨씬 높은 수익률을 기대할 수 있다고 강조한다면 그것은 그만큼 높은 위험이 어딘가에 도사리고 있다는 뜻이라고 직관적으로 이해하면 된다. 또 금융기관도 아니면서 은행 금리보다 훨씬 높은 수익을 약속하는 투자회사가 있다면 금융 피라미드형 사기라고 생각하면 된다.

위험도와 수익률은 절대 따로따로 걷지 않는다. 손에 손을 잡고 나란히 걷는 동반자 관계인 것이다. 산이 높으면(수익률이 높으면) 반드시 골도 깊다(위험도도 크다)는 교훈은 등산하는 사람과 투자하는 사람 모두에게 통하는 진리인 셈이다.

▐▌ 주식투자의 파레토 법칙

이탈리아의 경제학자 빌프레도 파레토(Vilfredo Pareto)는 19세기 유럽의 부와 소득 상황을 연구하다가 대부분의 유럽 국가에서는 소득 상위 20%가 사회 전체 부의 80%를 보유하고 있고, 특히 이탈리아는 전체 토지의 80%를 20%의 상위계층이 소유하고 있다는 경험적 사실을 발견했다.

이를 경영학에 도입한 사람은 조셉 주란(Joseph M. Juran)이라는 품질 컨설턴트였다. 그는 20% 정도의 원인이 80%의 불량을 만들어내므로 불량품 발생의 주원인 20%만 해결해도 품질문제의 80%를 해결할 수 있다고 역설했다. 이후 파레토의 법칙은 전체 원인의 20%가 사회현상의 80%를 설명한다는 경험칙으로 인재관리나 마케팅 등 다양한 분야에서 응용되고 있다. 가령 똑똑한 20%의 임직원이 회사 생산성 향상의 80%를 가능케 하기 때문에 집중적 인재관리는 인재 파레토의 법칙이며, 20%의 VIP 고객이 백화점 전체 쇼핑 매출의 80%를 차지하기 때문에 20%의 VIP 고객을 주력 마케팅 목표로 설정하는 것은 마케팅 파레토의 법칙이다.

이를 개인의 주식투자에도 응용할 수 있다. 사실 주식투자를 잘하려면 투자를 고려하는 주식을 발행한 회사에 대해 속속들이 알아야 한다. 그 회사의 재무 상태는 물론 CEO와 임원 동향, 비즈니스 및 영업 현황, 라이벌 회사의 움직임, 그 회사가 속한 산업군의 거시 동향까지 상세히 파악하고 있어야 한다는 것이다.

그런데 코스피시장과 코스닥시장을 합하면 우리나라에는 투자를 고려할 만한 기업이 2,000여 개에 가깝다. 이 엄청난 수의 기업들에 대한 모든 내용을 개인이 다 잘 알 수 있는 방법은 없다. 이럴 때 바로 파레토의 법칙이 유용하다. 전체 상장 기업 가운데 기업 내용이 좋고 견실한 20%의 회사만 잘 파악하고 그 안에서 투자할 주식을 고르거나 분산투자를 하면 되는 것이다.

주식시장의 파레토 법칙을 상징적으로 보여주는 단어가 그 유명한 '니프티 피프티(nifty fifty)'다. 1970년대 미국에서 연기금의 주식투자가 활성화되면서 이들이 장기 보유 우량주로 제너럴일렉트릭, 코카콜라, 맥도날드, 존슨＆존슨, 제록스, 월트디즈니 등 50개 종목을 대량 매입하는 바람에 이들이 시장을 주도하는 장세가 오랫동안 지속되었다는 것이다.

한국에서도 2010년 2/4분기에 시가총액 상위 20개 종목이 유가증권시장 상장 종목 전체의 영업이익에서 차지하는 비율이 60.1%로 사상 최고를 기록했다. 주식투자에 전문성을 갖추지 못한 사람이라면 최우량주군(群)을 골라 집중적으로 연구하고 매입하라는 것이 파레토의 법칙이 주는 시사점이다.

▮▮ 손절매(−50＝＋100)의 법칙

사람은 감정의 동물이다. 투자한 주식의 가격이 오르면 기분이 좋지만 손해를 보게 생겼을 때 냉정하기는 쉽지 않다. 따라서 리스크 관리에서 중요한 또 다른 원칙은 철저하고 냉정하게 손실관리를 하는 것이다.

1만 원짜리 주식이 있다고 하자. 이 주식이 50% 하락했다면 주가는 5,000원이 될 것이다. 주가가 원금을 회복하려면 얼마가 올라야 할까? 5,000원 떨어졌으니 5,000원만 오르면 될 것이라고 쉽게 생각하겠지만 실제로는 기저효과 때문에 떨어질 때는 50% 떨어졌지만 오를 때는 100%가 올라야 간신히 원금을 회복한다. 이것이 바로 '-50=+100의 공식'이다.

이 공식이 가르쳐주는 교훈은 단순하다. 잃어버린 돈을 회복하려면 두 배나 고생을 해야 한다는 것이다. 따라서 덜 고생하려면 주가가 하락할 때 로스 컷(loss cut), 즉 손절매 원칙을 철저히 지켜야 한다는 것이다. 손절매는 말 그대로 더 큰 손해를 보지 않기 위해 약간의 손해를 감수하고 매도하는 것을 의미한다.

주가의 움직임에는 큰 방향성이 있기 때문에 상승추세든 하락추세든 큰 방향이 정해지면 등락을 거듭하면서 그 방향으로 움직인다는 특징이 있다. 하락장이 왔는데 투자원금이 아까워서 계속 들고 있다 보면 등락을 거듭하던 주가가 어느새 훨씬 떨어져 있음을 깨닫게 될 것이다. 이때는 후회해도 늦다.

좀 더 구체적으로 말하자면, 큰 방향이 하락장일 경우 주가가 원금을 회복하기까지는 기간이 너무 오래 걸린다. '-50=+100의 공식'이 보여주듯 두 배의 시간, 두 배의 인내심이 필요하다는 이야기다. 그러느니 약간 손해를 봤을 때 즉시 매도해서 그 기간에 상승세의 다른 주식으로 종목을 바꾸는 것이 더 효과적이다. 원금에 대한 집착이나 냉정함을 잃은 탓에 매도 타이밍을 놓치면 더 오랜 시간 절망의 계곡에서 헤매야 한다는 사실을 명심할 필요가 있다.

월가의 전설로 자리 잡은 유명 투자자들은 자신들의 지속적 성공의 이유를 예외 없이 냉정한 손절매에서 찾는다. 그렇다면 문제는 손절매의 기준이다. 어느 정도 하락했을 때 파는 것이 적당한 수준의 손절매일까?

적정 손절매 기준에 대해서는 누구도 자신 있게 말하지 못하지만 일반적으로 마이너스 5~10%를 기준으로 잡는 경우가 많다. 일반 투자자들에게는 일단 5%가 하락하면 보유 주식의 절반을 손절매하고 10%선이 되면 남은 절반을 매각하는 2중의 매각 방식을 추천하기도 한다.

손절매를 잘못했을 경우에 벌어질 상황을 잘 설명해주는 것이 '칠면조의 우화'다. 어떤 사람이 야생 칠면조를 잡기 위해 튼튼한 우리를 만든 후 우리 속에 먹이를 넣어두고 기다렸더니 칠면조들이 자기 발로 우리 속으로 들어오기 시작했다.

여덟 마리쯤이 들어오자 열 마리까지만 채우고 우리의 문을 닫으려고 생각했다. 그런데 한두 마리가 우리를 빠져나갔다. 이번엔 정말 욕심내지 않고 여덟 마리만 채우면 우리 문을 닫으려고 기다렸는데 먹이를 다 먹은 야생 칠면조들까지 빠져나가 우리는 텅 비고 말았다. 처음 한두 마리가 나갈 때 징후를 눈치 채고 우리 문을 닫았더라면 여섯 마리라도 챙겼을 텐데 '조금만 더, 조금만 더' 하고 미련을 갖다가 결국 모두 잃은 것이다.

이런 우화를 들려주면 모두들 고개를 끄덕인다. 그런데 현실적으로는, 개인투자자들은 물론이고 증권사 펀드매니저 등 프로투자자마저 주가가 곧 회복될 것이라고 섣불리 기대하거나, 큰 방향이 하락장인지 아닌지가 불분명하다는 이유로 선뜻 손절매를 하지 못한다. 그래서 개인의 판단을 배제한 채 기계적으로 주식을 매도하거나 매수하는 경우도 있다. 특정 주식가격이 일정 비율 하락하면 사람의 판단을 배재한 채 무조건 팔아버리는 것이다.

손절매와 유사한 개념으로 트레일링 스톱(trailing stop)이라는 것도 있다. 주가가 오른 상태에서 이익을 확보하기 위해 손절매 기법을 활용하는 것이다. 어떤 주식을 산 후 며칠 동안 올랐는데 이 추세가 계속될지 아니면 하락장으로 반전할지 확신이 서지 않을 경우 당일의 주가로부터 5%가 하락하면 무조건 팔아버리도록 지정하는 기법이다. 주가가 계속 오르면 상관이 없고 내일의 주가가 오늘보다 조금이라도 떨어지면 무조건 매도 주문을 내도록 사전에 지정해 이익을 확보하는 방식이다. 주가가 오르다가 주춤한다는 것은 내부 동력이 다해 상승세가 반전될 확률이 높다는 뜻이기 때문이다.

▮▮ 적립식 정액분할투자의 법칙

금융 IQ를 높이고 투자의 기본 원칙을 대강 이해했다고 하더라도 현실적으로 생애재무설계를 하는 모든 사람이 주식 사이의 복잡한 상관관계를 따져가며 분산투자를 할 수는 없다. 분산투자하는 주식 하나하나의 재무 상황과 비즈니스 상황을 다 분석하기란 전문가들에게도 난망한 일이기 때문이다. 더구나 주식은 가격이 쉴 새 없이 변하고 9·11 테러나 리먼 브라더스 파산 사태 등 예기치 못한 외부 상황에 따라 엄청난 변동을 동반하기 때문에 언제 사고 언제 팔아야 할지 판단하기가 쉽지 않다. 주식을 타이밍의 예술이라고 부르는 이유는 똑같은 우량 주식이라도 언제 사고 언제 파느냐에 따라 수익률이 천차만별이기 때문이다.

그렇다면 일반투자자가 이런저런 복잡한 고민 없이 기대수익률을 높이기 위해 선택할 수 있는 가장 좋은 방법으로는 뭐가 있을까? 같은 액수의 돈을 매달 나눠서 펀드에 불입하는 정액분할투자가 정석이다. 정액분할투자가 유리한 것은 주식의 평균매입단가를 낮추면서 매입과 매각에 따른 '시간의 포트폴리오'를 자동으로 만들어갈 수 있기 때문이다.

예를 들어, A전자의 주식을 샀을 때 매입한 시점에서 10만 원이었다가 그 다음 달 초 회사에 악재가 터지면서 5만 원까지 하락했고, 악재가 헛소문이라는 사실이 밝혀지면서 그 다음 달 초에 다시 10만 원까지 회복했다고 가정해보자. 만약 첫 번째 달에 3,000만 원의 목돈을 한꺼번에 투자했다면 300주의 평균매입단가는 10만 원이 되고 세 번째 달 말에 정산해본 투자수익률은 제로가 된다.

그런데 정액분할투자를 통해 매달 초 1,000만 원어치를 나눠 샀다면 매입한 총 주식은 다음과 같을 것이다.

매입한 주식수＝100주＋200주＋100주＝400주

3,000만 원을 투자해서 현재 주가가 10만 원일 때 4,000만 원이 됐기 때문에 적지 않은 수익을 올린 셈이다. 이것이 바로 주가가 하락할 때 위력을 발휘하는 적립식 분할투자의 평균매입단가 인하 효과다.

일반 주식투자자에게는 주가가 떨어져 재앙이었지만 적립식 투자자에게는 오히려 평균매입단가를 낮춰 수익률을 높일 좋은 기회가 된 셈이다. 적립식 정액분할투자에서만 얻을 수 있는 멋진 장점이라 할 수 있다. 적립식 투자는 투자시기를 어느 특정 시점에 집중하지 않고 여러 시기로 분산시킴으로써 자동적으로 주식의 가격변동성 위험을 줄여 수익을 얻을 가능성을 높인다.

그렇다 해도 주가하락에 대해 본능적 공포감을 갖는 것은 투자자들의 인지상정이다. 주가가 오를 때는 기쁜 마음으로 돈을 넣고 괜히 부자가 된 것 같아 친구에게 술이라도 한잔 사고는 주가가 떨어지면 불안한 마음에 적립을 중단하는 경우가 많다. 웬만큼 담이 큰 사람도 주가하락이 몇 달간 계속되고 하락한 상태로 바닥을 맴도는 기간이 길어지면 오랜 걱정 끝에 펀드 해약이라는 최악의 선택을 하고 만다.

실제로 2008년 리먼 사태 이후 세계경제가 어두운 먹구름 속을 헤매고 주가하락 상황이 장기화되자 많은 가입자가 펀드를 해약했다. 그러나 결과는 어떤가? 2010년 들어서면서 주가는 천정부지로 치솟기 시작했다. 리먼 사태 이후 주가가 바닥일 때 적립식으로 꾸준히 주식을 매입했던 투자자라면 1년도 안 된 기간 동안 적지 않은 수익을 냈을 것이다.

적립식 투자자들은 딱 한 가지만 명심하면 된다. 주가가 떨어지는 것은 모든 걸 한꺼번에 내지른 다른 투자자에게는 슬픔이지만, 적립식 투자자인 나에게는 기쁨이라는 사실을.

▮▮ 100-나이의 법칙

재무설계를 할 때 안전한 자산에 대한 투자와 함께 다소 위험하더라도 수익률이 높은 자산에 대해 분산투자를 해야 하는 것이 철칙임은 이미 설명했다. 그렇다면 그 비율은 어느 정도가 적당할까?

나이가 젊을 때는 다소의 위험을 감수하더라도 공격적 투자 비중을 늘리고 나이가 들수록 공격적 투자 비중을 줄여야 한다는 것이 일반적 투자지혜다. 젊어서는 위험한 투자를 했다가 실패하더라도 회복할 만한 시간의 여유가 있는 반면 나이가 들어서는 실패를 만회할 시간이나 금전적 여유가 없기 때문이다.

고위험-고수익의 공격적 투자 비중이 어느 정도가 적정한가는 위험에 대한 자신의 성향에 따라 다소 차이가 있겠지만, 일반적으로 참고해볼 수 있는 경험적 법칙이 있으니 바로 '100-나이의 법칙'이다.

가령 당신이 30세라면 100-30, 즉 전체 투자자산의 70% 안팎을 펀드나 주식 등 다소의 위험을 무릅쓴 투자자산으로 운용하는 것이 적정선이라는 이야기다. 만약 은퇴를 목전에 둔 50대라면 비교적 보수적인 예금과 적금, 채권 등을 더 많이 활용하고 나머지 40~50% 안팎을 주식이나 펀드 등으로 운용하면 좋다.

▎▎72의 법칙

생애재무설계를 해나가려면 현재 투자한 돈이 복리로 불어날 경우 미래의 특정 시점에 얼마가 될지 대강이라도 알아둬야 한다. 가령 부부가 노년을 지내기 위해 약 8억 원의 돈이 필요하다는 계산이 나왔다고 하자. 그 돈을 만들기 위해 당장 얼마를 저축하기 시작해야 할까? 복리를 계산하려면 금융계산기를 두들겨야 하는 등 다소 복잡한데, 아마추어도 간단히 계산하게 해주는 방법이 있다. 바로 '72의 법칙'이다.

72를 이자율로 나누면 원금이 두 배가 되는 시간이 나온다. 가령 이자 8%를 주는 금융기관에 1억 원을 맡긴다면 복리의 마술로 2억 원이 되는 시간은 72÷8=9, 즉 9년이 걸린다. 2억 원이 다시 9년 후에는 4억 원이 되고 그 돈이 다시 9년이 흐르면 8억 원이 된다.

복리와 72의 법칙이 주는 교훈은 동일하다. 저금리 시대에 복리 효과를 얻으려면 최소 10년 이상 장기투자를 해야 한다는 것이다. 나중에 월급이 오르면, 승진한 뒤에, 애들 다 커서 교육비 부담이 없어지면 그때 투자를 늘리면 되겠지 하는 생각보다는, 미혼이고 아이도 없고 부모님에게 얹혀살기 때문에 거의 돈이 들지 않는 첫 3년에서 5년 동안 부지런히 목돈을 마련해야 나중의 삶이 훨씬 더 편해진다는 교훈이다.

72의 법칙 응용하기

- **문제** 현재 5,000만 원이 있는데 4년 후 집을 사기 위해 1억 원을 만들기 위해서는 매년 얼마의 목표수익을 달성해야 할까?
- **해답** 72÷4=18 즉 매년 18%의 수익을 내야 4년 후 1억 원을 만들 수 있다.

투자위험의 종류와
분산투자

투자를 잘하기 위해서는 투자를 하려는 각 자산들이 어떤 종
류의 위험에 노출되는지를 분명히 인식할 필요가 있다. 일반
적으로 투자자산은 다음과 같이 다양한 위험에 노출되어 있
다. 자세히 살펴보자.

▮▮ 인플레이션 위험

가장 안전할 것 같은 현금 보유에도 위험은 따른다. 바로 인
플레이션 위험이다. 앞서 잠깐 언급했듯이 도둑이 절대로 훔
쳐가지 못하도록 튼튼한 금고에 현금을 넣어놓아도 인플레이
션이라는 유령 쥐가 금고 속의 현금가치를 훼손하는 것이다.

　금융기관에 돈을 맡기고 이자를 받으려고 할 때도 마찬가
지다. 대형 은행이라면 비교적 안전하겠지만 이 역시 인플레
이션 위험에 노출되어 있다. 초저금리 시대에는 인플레이션

을 감안한 실질금리는 곧 마이너스인 셈이다. 은행예금은 현금만큼이나 안전하고 원금손실이 없는 대신에 수익률이 떨어진다.

▮▮ 신용 위험 및 파산 위험

신용 위험(credit risk)은 회사채 등 유가증권을 발행한 기업이 도산하거나 각종 거래의 지급의무를 다하지 못할 가능성이 높아지면서 가격이 하락해 발생하는 위험을 말하며, 극단적인 신용 위험이 바로 파산 위험(default risk)이다. 채권 등 유가증권의 경우 이를 발행한 회사가 어떤 이유로든 회사채의 원금과 이자를 갚지 못할 가능성과 위험이 높아지면 채권가격이 떨어져 투자자가 손해를 보게 된다.

위험도 제로인 채권과 위험성이 있는 채권 간의 금리차를 신용 스프레드(spread)라고 한다. 국채는 국가가 지급을 보증하기 때문에 리스크가 제로인 대표적 채권이다. 이 국채와의 금리 차이가 바로 각 회사마다 다르게 나타나는 금리 스프레드이다.

금리 스프레드＝회사채 금리－국채 금리

예를 들어 국채 이자율이 10%라고 가정해보자. 한편 ABC

라는 회사가 발행한 담보조건부 회사채는 회사의 여러 상황과 재무건전성에 비춰볼 때 못 받을 가능성이 어느 정도 있고 (2%), 만약 파산했을 때 담보자산을 매각하더라도 절반 정도밖에 회수할 수 없다고 가정하자(회수율 50%). 국채 이자가 10%이기 때문에 100만 원을 투자했다면 1년 후에 받게 되는 돈은 110만 원이다. 이론적으로는 ABC 회사가 발행한 채권으로부터 받는 [원금+수익]이 1년 후 정확하게 110만원과 동일해져야 ABC 회사채가 팔리게 될 것이다.

따라서 1년 후 부도사건이 발생할 가능성 2%와 만약 발생했을 때 회수가능 비율 50%를 감안해서 [회사채의 원금+기대수익]이 110만원과 동일해지도록 놓고 계산식으로 풀어보면 회사채 금리는 11.1%가 된다. 국채 금리보다 추가로 더 지급해야 하는 1.1%가 바로 신용 스프레드이다. 1%가 100bp(basis point)이므로 이 회사채의 신용 스프레드는 110bp가 된다.

앞서 언급했듯이, 신용 위험의 극단적인 형태를 파산 위험이나 도산 위험이라고 부른다. 만약 채권을 발행한 회사가 파산할 경우에는 채권은 휴지조각이 될 수밖에 없다.

일반적으로 일반 시장금리보다 금리를 높게 준다고 하면 일단 위험성이 더 높다고 봐야 한다. 금융기관이나 기업이 제시하는 금리 수준이 기관의 위험도를 반영하는 결정적인 지표가 되는 것이다. 규모가 작고 재무 상태가 나쁜 일부 저축은행의 경우 다른 우량 저축은행보다 높은 금리를 약속한다. 그러나 더 높은 금리 뒤에는 더 높은 도산위험이 도사리고 있음을 알아야 한다(저축은행이 도산하면 정부가 5,000만 원까지 지급을 보장한다).

▮▮ 유동성 위험

채권과 주식은 일정 부분 시장의 유동성 위험(liquidity risk)에도 노출되어 있다. 시장 유동성 위험은 보유자산을 시장에서 팔려고 할 때의 용이성을 의미한다. 만기 3년짜리 채권을 샀는데 갑자기 돈이 필요해져서 채권을 매각하려고 할 경우 거래가 원활하지 않으면 손해를 보고 팔아야 할 수 있다. 몇 달 후 반드시 써야 할 용도가 정해진 큰돈을 은행에 넣어두지 않고 주식이나 채권으로 굴리려고 할 때에는 반드시 이 같은 유동성 위험을 각오해야 한다.

유동성 위험이 가장 큰 자산은 물론 부동산이다. 주택이나 땅을 급히 팔아야 할 경우 거래 상대방을 구하지 못해 급매물로 내놓게 되면 엄청난 손해를 감수해야 한다.

▮▮ 운영 위험

투자자들의 돈을 맡아서 운용하는 금융기관들은 정도 차이는 있지만 대부분 운영 위험(operational risk)을 지니고 있다. 운영 위험은 직원의 업무 실수나 보유자산의 소실 및 분실, 디도스 (DDoS) 공격에 전산시스템이 뚫리는 것, 고객의 신용정보가 대량 유출되는 것, 내부 컴플라이언스(compliance, 준법감시 규정) 가 엉터리여서 고객의 돈을 마음대로 투자했다가 대규모 손실을 보는 것 등등이다. 내부 규정을 어기며 고객의 돈을 한도 이상으로 위험한 금융상품에 몽땅 투자했다가 대규모 손실을 보는 금융회사의 사례가 종종 언론에 보도되곤 한다. 반면 내부 규정이 잘 갖춰진 회사는 규정을 어긴 주문이 나갈 경우 즉시 보고가 되고 컴퓨터 전산시스템 자체가 그런 주문을 받지 않게 설계되어 있는 등 운영체제가 철저하다. 투자자들이야 금융기관이 어련히 잘 알아서 할까 싶겠지만 실제 금융기관의 운영 위험은 생각보다 큰 편이기 때문에 평생의 투자 파트너인 금융기관을 고를 때도 그 회사의 과거와 현재의 평판을 고려해 신중하게 선택해야 한다.

▮▮ 시장 위험

시장 위험(market risk)이란 증권시장이나 채권시장 등 시장 자체에서 발생한 변동성 때문에 투자자산의 가치가 하락하는 위험을 말한다. 그래서 가격 변동 리스크라고도 한다. 시장 위험의 주요 요소는 주가 변동, 이자율 변동, 환율 변동, 그리고 선도 · 선물시장에서 거래되는 옥수수와 구리, 원유 등의 상품가격 변동 등이다.

유가증권에 대한 가격 변동 위험은 언제나 발생할 수 있다. 세상은 불확실성으로 가득 차 있기 때문에 불황뿐만 아니라 경기가 좋을 때라도 이자율 변동이나 시장규제에 따라 시장위험이 발생할 수 있는 것이다.

▮▮ 위험관리와 분산투자: 달걀은 한 바구니에 넣지 마라

그렇다면 위에 언급한 각종 투자위험을 잘 관리할 가장 좋은 방법, 가장 큰 원칙은 무엇일까?

영어로 '네스트 에그(nest egg)' 라는 말이 있다. 비상금이나 노후 대비용으로 모은 알토란처럼 귀한 돈을 뜻한다. 그런데 이 네스트 에그(달걀)를 한 바구니에 담아두었다가 바구니를 떨어뜨리면 어떻게 될까? 달걀이 모두 박살날 것이다. 돈도 마찬가지다. 어렵사리 모은 돈을 한 바구니에만 넣어두었다가는 한순간에 모조리 날릴 수 있는 것이다. 달걀을 한 바구니에 담으면 안 되듯 투자도 안정성과 수익성에 따라 여러 형태의 자산에 분산투자해야 하는 것이 투자의 기본 원칙이다. 이것이 포트폴리오(portfolio) 이론의 핵심이다.

포트폴리오 이론이라고 하면 얼핏 복잡하고 어렵게 들리지만 인간행동을 관찰하면 금융이론을 전혀 모르는 초등학생조차 본능적으로 선택하고 있는 행위임을 알게 된다. 가령 배가

고픈 초등학생이 용돈을 받으면 어디에 어떻게 쓸까? 빵과 음료수를 살 것이다. 빵만 사거나 우유만 사는 극단적 선택을 하기보다는 두 가지를 나눠 사는 쪽이 어느 한 종류만 사는 것보다 효용이 높으니까 말이다. 마찬가지로 남편의 월급을 받아든 주부는 이자는 낮지만 언제든 꺼내 쓸 수 있는 요구불예금과 일정 기간 찾지는 못하지만 이자가 상대적으로 더 높은 적금으로 분산해서 저축을 할 것이다. 조금 더 높은 위험을 감수한다면 적립식 펀드에도 가입할 것이다. 누구나 본능적으로 자신의 위험 대비 기대수익이 가장 높은 방향으로 이미 움직이고 있다는 이야기다. 포트폴리오의 법칙은 위험을 분산하려는 이 같은 본능을 좀 더 정교하게 다듬은 것에 불과하다.

일반적인 자산 포트폴리오를 짤 때의 원칙은 '수익성, 안전성, 환금성의 조화'라고 할 수 있다. 예를 들어 은행 예금과 적금은 안전성과 환금성이 우수한 자산이지만 수익성이 낮다는 단점이 있다. 반면 주식은 잘 운용하면 수익성이 일반금리보다 훨씬 높고 언제든 주식시장에 내다 팔 수 있어 환금성도 높은 편이지만 대신 안전성이 떨어진다. 채권은 수익성과 안전성 면에서 주식과 저축의 중간 정도 성격이라고 볼 수 있다.

부동산은 한때 수익성 면에서 불패 신화를 낳기도 했지만 인구가 급격히 감소하고 고령화사회가 진전되면서 '큰 집만 지닌 현금거지'라는 신조어가 탄생할 정도로 전망이 불투명한 자산이 되고 말았다. 부동산은 본질적으로 환금성이 떨어지는 자산인 데다 집값이 갈수록 하락하고 있어 최근에는 수익성과 안전성까지 의심받고 있다. 거래 자체가 끊겨 집을 팔고 작은 집으로 이사를 가고 싶어도 집이 클수록 오히려 거래가 안 되는 상황이 장기화되고 있다.

금융상품의 위험 역시 포트폴리오 분산투자로 일정 부분 줄일 수 있다. 가령 우산 장수와 나막신 장수 아들을 둔 어머니의 우화를 예로 살펴보자. 이 어머니는 비가 오면 나막신 파는 아들의 장사가 안될까 봐 걱정하고 비가 안 오면 우산 파는 아들의 장사가 안될까 봐 걱정한다. 그런데 이 우화에서 어머니를 금융상품 투자자로 대체하면 전혀 다른 교훈을 얻을 수 있다. 투자자 입장에서는 어느 한 주식에 올인해 큰 이익을 보거나 큰 손해를 보기보다는 우산과 나막신처럼 상관관계가 거의 없는 두 가지 상품에 나눠서 투자하는 것이 위험을 줄일 수 있기 때문이다.

단순히 여러 종목에 나눠서 투자한다고 해서 분산투자가 완전히 이뤄지는 것은 아니다. 예를 들어 A건설, B토건, C엔지니어링 등 건설종목 주식을 여럿 샀다면 회사 개개의 고유위험에 대해서는 분산투자가 되었을지 몰라도 건설경기가 나빠지면 그 종목 자체의 주가가 떨어지기 때문에 제대로 된 분산투자를 했다고 보기 어렵다. A건설, B철강, C목재 등으로 종목을 좀 더 나눠서 투자한 경우라 해도 마찬가지 결과를 얻게 된다. 업종이 모두 건설경기와 연동된 탓에 완벽한 분산투자라고는 볼 수 없다.

제대로 된 분산투자라면 적어도 A건설, B자동차, C식품 등 회사별, 업종별, 종목별로 상관관계가 낮은 주식에 골고루 투자해야 한다. 그러나 이렇게 분산투자를 잘했다고 해서 모든 위험을 다 없앨 수는 없다. 가령 나막신과 우산에 나눠서 투자하면 장마가 계속되거나 가뭄이 계속되는 것 같은 날씨 위험은 줄일 수 있지만 그해의 경기가 전체적으로 나빠져서 우산도 나막신도 잘 안 팔리는 시장 전체의 위험은 막을 수가 없는 것이다.

이처럼 분산투자를 해서 줄일 수 있는 위험을 비체계적 위험(unsystematic risk)이라 하고 분산투자와 무관하게 시장 전체의 변동에 영향을 받는 위험을 체계적 위험(systematic risk)이라고 한다.

저금리 시대를 맞아 어느 정도 위험을 감수하고서라도 적극적으로 고수익을 추구하겠다는 마음가짐이 갖춰졌다면, 이젠 위에 열거한 위험의 종류와 성격을 잘 파악해서 자신의 자산 포트폴리오가 어떤 위험에 얼마만큼 노출되었는지를 판단해봐야 할 것이다.

04 복리와 시간의 마술

▌▌ 맨해튼 매매거래의 손익

1620년 12월, 영국 뉴잉글랜드를 출발한 포도주 운반선 메이플라워호가 미국 매사추세츠 주(州) 연안에 도착한다. 춥고 음울한 미지의 땅에 걱정과 우려의 첫발을 내디딘 영국 이민자들은 모두 102명이었다. 이들을 시작으로 영국 청교도들이 속속 신대륙으로 이민을 와서 정착하기 시작했다.

이민자 가운데 한 사람인 피터 미누잇(Peter Minuit)은 미국 원주민에게서 오늘날의 뉴욕 맨해튼 섬을 구입했다. 당시 그가 섬을 사는 데 지급한 돈은 얼마였을까? 겨우 24달러에 불과했다! 오늘날 미국이라는 거대 국가의 상업적 수도나 다름없는 맨해튼을 사는 데 겨우 24달러밖에 지급하지 않았다는 이야기다. 돈이라는 개념조차 갖고 있지 않던 순진한 미국 원주민 인디언들을 약삭빠른 영국인이 속여서 강탈한 것이나 다름없는 상황이라는 생각이 당연히 들 것이다.

그런데 이 거래를 보는 또 다른 시각이 있다. 거꾸로 인디언들이 훨씬 큰 이득을 봤다는 시각이다. 만약 인디언들이 24달러를 나눠서 써버리지 않고 은행에 계속 맡겨두었다면 어떤 일이 벌어졌을까? 가령 은행이 매년 8%의 이자를 지급했다면 그 거래가 발생한 지 380년이 되는 2006년에는 그 돈이 120조 6,000억 달러가 되었을 것이다. 그 돈이 얼마나 되는지 상상할 수 있는가? 2006년 현재 맨해튼의 모든 땅을 사는 데 드는 돈은 당시의 시가로 따져서 900억~1,000억 달러에 불과했다. 120조 6,000억 달러에 비하면 '껌값'에 불과한 돈으로 맨해튼 전체를 살 수 있는 것이다.

이 맨해튼 거래는 복리(compound interest)가 시간에 따라 얼마나 마술 같은 효과를 발휘하는지를 설명할 때 자주 인용되는 사례다.

▌▌ 단리와 복리

그렇다면 이 같은 마술을 부리는 '복리'란 대체 어떤 성격의 이자일까? 이자에는 단리와 복리가 있다. 단리(simple interest)는 원금에 대해서만 이자가 붙는다. 예를 들어 연초에 1,000만 원을 저금했고 이자가 10% 붙는다면 연말에는 얼마의 이자가 붙게 될까? 당연히 100만 원이다. 이것이 단리 이자다. 이

돈을 은행에 맡겼다가 매년 말에 100만 원씩 이자를 찾아 생활비나 다른 목적으로 쓴다면 5년 후에는 이자로만 500만 원을 받은 셈이다.

그런데 매년 말에 이자를 찾아 쓰지 않고 그냥 둔다면 어떻게 될까? 첫해는 당연히 단리 이자 100만 원밖에 붙지 않겠지만 둘째 해 말에는 원금 1,000만 원 외에 이자 100만 원에 대해서도 이자가 붙게 되어 받을 수 있는 돈이 1,210만 원이 될 것이고, 세 번째 해에는 1,331만 원, 그리고 5년 째 말에는 1,610만 5,000원을 받게 될 것이다. 이처럼 [원금+이자]에 매년 반복적으로 이자가 붙는 것을 복리라고 한다. 이때 중요한 것은 복리가 마술을 부리려면 '충분한' 시간이 필요하다는 점이다.

자, 복리 개념에 익숙해졌다면 이제 다음과 같은 상황을 생각해보자.

같은 해에 같은 회사에 입사한 홍길동과 허균 두 사람이 있다. 홍길동은 해마다 연말에 한꺼번에 받는 보너스 2,000만 원을 눈 딱 감고 첫 10년 동안 노후 대비 개인연금으로 저축했는데 아이가 크고 집을 늘려가면서 더는 여력이 없어, 그 이후 25년 동안은 돈을 넣지 못했다.

반면 허균은 처음에는 돈을 다른 곳에 쓰다가 나중에는 은근히 노후가 걱정되기 시작해 입사한 지 10년차가 되던 시기부터 은퇴 시점까지 25년의 직장생활을 하는 동안 해마다

2,000만 원을 꾸준히 저축했다.

직장생활 35년 기간 중에 홍길동은 첫 10년간 원금 2억 원을 저축한 반면 허균은 후기의 25년간 5억 원이 넘는 돈을 저축한 셈이다. 35년의 직장생활이 끝나고 누가 더 많은 개인연금을 받게 될까?

얼핏 보면 당연히 허균이 더 많이 받을 것 같다. 홍길동보다 두 배가 넘는 돈을 더 오랫동안 저축했으니까 말이다. 그런데 실제로는 어떨까? 보험회사나 은행, 증권사를 합쳐서 해마다 평균수익률이 8%였다면 두 사람이 직장생활을 그만두고 35년 후 홍길동이 일시금으로 받는 돈은 19억 8,400만 원 정도가 된다. 반면 25년간 무려 5억 원이나 저축한 허균이 받게 되는 돈은 14억 6,200만 원 정도에 불과하다.

놀랍지 않은가! 10년 정도 일찍 은퇴 준비를 시작했다는 이유만으로 홍길동은 허균보다 절반도 안 되는 돈을 넣고도 훨씬 많은 돈을 받아가는 것이다!

바로 이것이 맨해튼 섬의 매매에서 본 복리의 마술이다. 생애재무설계나 노년 대비 재무설계를 한 살이라도 젊었을 때 시작해야 하는 이유는 시간과 복리가 상호작용해서 일으키는 마술 때문이다. 아무 준비 없이 살다가 나중에 나이가 들어서 부랴부랴 무리해서 많은 돈을 저축해봐야 큰 효과를 보지 못한다는 이야기다.

4장

재무설계 시 위험도에 따른 금융상품 선택법

01

저위험–저수익 금융상품:
보험설계

앞장에서 다양한 방법으로 금융 IQ를 높였으니 이제 실제로 금융투자에 한번 나서보자. 우선 재무설계의 중요한 원칙, 즉 수익률–위험도의 상충관계에 따라 자금을 분산, 배분해야 한다.

금융투자에서 모든 사람에게 통하는 정답이란 것은 없다. 하지만 이미 언급한 바 있는 '100–나이의 법칙'에 따라 예금과 적금, 보험상품 같은 안전자산과 주식이나 채권 같은 투자자산의 비율을 나누기도 하고, 안전자산에 40~50%를 투자하고 중간 정도의 수익률을 제공하는 위험자산에 30~40%, 고위험자산에 10% 안팎을 투자하는 것으로 포트폴리오를 구성할 수도 있다. 또한 재산을 형성하는 일반적 목적 이외에 예기치 못한 사고나 질병 등의 위험을 생각한다면 따로 보험에 가입해야 한다.

저위험-저수익 범주에 속하는 금융기관은 은행과 보험회사 등이다. 은행과 보험회사의 예금, 적금, 보험 등은 원금손실 위험이 거의 없고 일정한 시장수익률을 사전에 약속받을 수 있으니 안전한 금융상품이라고 말할 수 있다. 그러나 높은 안전성은 낮은 수익률과 동전의 양면을 이룬다. 안전을 지나치게 추구하다 보면 일정 시간이 지나도 목표했던 자금을 마련하지 못할 수 있다.

저축은행의 경우에는 일반 은행보다 다소 높은 금리를 약속하지만 2010년 말에 발생한 저축은행 파산 사태처럼 해당 저축은행의 재정이 악화되면 은행 자체가 사라질 가능성도 배제할 수 없으므로 아무리 금리가 높아도 한꺼번에 많은 돈을 예탁하면 위험할 수 있다. 정부가 예금지급을 보장하는 5,000만 원을 한도로 해서 분산 예탁하는 게 바람직하다.

▮▮ 보험설계, '어제와 같은 오늘'의 축복을 만드는 방법

어제와 같은 오늘, 오늘과 같은 내일…… 그날이 그날같이 끝없이 되풀이되는 엇비슷한 일상이 지루하다는 사람이 많다. 매일 매일이 지겹도록 똑같이 반복되는 것을 특유의 영화적 기법으로 잘 그려낸 영화가 있다. 우리나라에서는 〈사랑의 블랙홀〉이라는 제목으로 개봉한 1993년 작품인데 원제는 '그라운드호그 데이(Groundhog Day)'다. 우리로 치면 개구리도 꿈

틀댄다는 절기인 '경칩'에 해당하는 '성촉절'이라는 의미이면서 '반복적으로 되풀이되는 일'이라는 이중의 뜻을 지닌 제목이다. 이 영화에서 주인공은 알 수 없는 이유로 똑같은 매일이 되풀이되는 시간의 덫에 걸린다. 똑같은 날을 계속 반복해 살게 되면서 주변사람과 그날 일어날 일에 대해 모든 것을 알게 되자 그 정보들을 이용해서 일탈도 해보지만 끝도 없이 반복되는 삶에 무기력해지고, 반복되는 지루한 일상에 지쳐가면서 심지어 자살을 기도하기도 한다. 물론 다음날도 또 똑같은 그날이 되풀이되므로 자살을 해도 죽지 않는다.

그러나 이처럼 지루하고 변화가 없는 일상, 너무나 당연해서 하잘것없어 보이는 삶이 실은 얼마나 큰 축복인지를 우리는 잘 모르고 있는지도 모른다. 큰 사고를 당하거나 심각한 질병에 걸렸다 살아난 사람들에게는 그 평범한 일상이 얼마나 귀한 것이겠는가. 우리의 삶이 반복적이고 지루하게 되풀이되는 것 같지만 평온한 일상을 근본부터 뒤흔드는 예기치 못한 사건, 심하면 회복할 수 없게 만드는 사건이 우리네 인생 곳곳에는 지뢰처럼 도사리고 있다. 젊은 나이에 암에 걸릴 수도 있고 심장질환이나 뇌질환으로 오랫동안 고생하거나 심지어 사망할 수도 있다. 불의의 교통사고를 당할 수도 있고 집에서 쓰던 전열기구가 과열되어 화재가 날 수도 있다.

누구나 사는 동안 한두 번은 예상 못한 지뢰를 밟을 가능성이 없지 않기 때문에, 이 지뢰에 대비할 방법이 필요하다. 여기에 대비한 금융상품이 바로 보험이다. 보험의 종류는 생명, 건강과 관련된 질병, 사망 위험 등에 대비하는 생명보험이 있고 재산상의 손실에 주로 대비하는 손해보험이 있다. 손해보험은 단기성이며 자동차보험, 화재보험처럼 일정 기간을 보장해주되 보장기간이 끝나도 납입금을 되돌려 받지 못하는 상품이 많다.

처음에는 두 가지 보험영역이 완전히 분리되어 있었는데, 상황과 보험 구조가 복잡해지면서 건강보험, 상해보험, 질병보험, 장기간병보험 등 두 보험영역이 겹치는 상품도 생겨났다. 보험과 투자를 결합한 변액보험도 설계되었다.

▮▮ 무조건 많이 가입한다고 좋은 것은 아니다

보험의 필요성에 대한 인식이 높아지면서 보험가입이 늘어난 것은 좋지만, 주변의 친구나 친척에게 부탁을 받아 보험에 가입하는 독특한 한국형 보험가입 패턴 때문에 불필요한 보험을 이중삼중으로 중복 가입하는 경우도 많다는 건 문제다. 보험상품 여러 개를 중복해서 가입하더라도 사고가 발생했을 때 여러 보험회사에서 돈을 내줄 테니까 괜찮을 것이라고 생각하기 쉽지만, 실손보험은 실제로 발생한 비용에 대해서만 여러 보험사가 나눠서 보험금을 지급하기 때문에 보험료는 중복해서 내더라도 혜택은 사실상 하나만 받는 상황이 발생하니 주의해야 한다.

자녀가 없는 부부나 독신인 가입자가 종신보험에 가입하는 것도 현명하지 못한 보험선택 사례의 하나다. 종신보험은 피보험자가 사망할 경우 사망보험금을 100% 지급하는 것으로, 가장에게 불의의 사고가 닥쳐 사망할 경우 가족들이 혜택을 볼 수 있다는 장점을 내세우는 상품이다. 시기의 문제일 뿐 반드시 보험금이 발생하는(누구든 사망은 피할 수 없으므로) 상품이기 때문에 보험료가 상대적으로 비싼 상품인데 자녀가 없는 부부나 독신자가 종신보험을 드는 것은 비효율적이라 할 수 있겠다. 이 때문에 요즘은 독신자의 경우에는 종신보험을 연금형으로 전환해주는 상품이 나오고 있다.

위험에 대비하는 자세는 반드시 필요하지만 그렇다고 온 식구가 다 여러 가지 보험을 지나치게 많이 드는 것도 소득이 제한된 데 비춰본다면 비효율적이라 할 수 있다. 보험은 가정의 주된 소득자에게 불가피한 상황이 발생했을 때 그 필요성이 가장 커지는 금융상품이므로 주소득자를 우선순위로 가입하는 것이 바람직하다. 나이가 어린 자녀보다는 나이가 많고 활동영역이 넓은 가장에게 큰 사고나 질병이 발생할 확률이 훨씬 높기 때문이다.

보험은 위험도가 낮은 안전한 금융상품군에 속하지만 가

입했다가 중도해약을 하면 원금을 다 받지 못하기 때문에 처음부터 제대로 꼼꼼히 따져보며 보험상품을 설계해야 하고 하나를 선택해서 일단 가입했다면 꾸준히 유지하는 것이 바람직하다.

02 중간위험–중간수익 금융상품: 채권과 주식

주식과 채권 혹은 이를 기초로 한 각종 펀드에 투자함으로써 비교적 높은 수익률을 기대하는 것이 중간위험–중간수익의 자금마련 방식이다.

채권은 발행할 때 사서 만기까지 보유할 경우 자동으로 원리금을 타기 때문에 주식보다는 원금손실 위험도가 덜한 편이다. 높은 발행금리를 주겠다는 회사 가운데는 도산의 위험이 있는 회사도 있으므로 회사채의 신용등급을 잘 확인한 후 더블 B(BB) 등급 이하의 정크본드 채권(junk–bond, 영어 junk는 쓰레기라는 뜻으로 신용등급이 극히 낮은 회사가 발행한 채권을 말한다)은 피해야 한다.

그런데 안전하면서도 수익률이 괜찮은 채권상품은 시장에 나오자마자 소진된다. 따라서 늘 신문과 인터넷 등에 정보의 안테나를 세우거나 거래 금융사에 매입을 하겠다는 명확한 의사표시를 미리 해두는 것이 좋다. 예를 들어 은행이나 신용카드사 등이 자본금을 충당하기 위해 5년, 7년, 10년 정도의 후순위채를 발행하는 경우가 있는데 이런 상품들은 조건이 좋은 정기예금 금리보다 최소 1~2% 정도 높은 금리를 제공하는 데다 금융소득 종합과세에 합산하지 않고 이자를 '분리과세' 하므로 금융소득이 많아 종합과세를 걱정하는 사람들에게는 매력적인 투자상품이다.

그러나 다음 두 가지를 명심해야 한다. 첫째, 후순위채는 만에 하나 문제가 생겼을 경우 잔여재산을 분배할 때 말 그대로 가장 후순위로 배당을 받는 금융상품이라는 점을 고려해야 한다. 따라서 오랜 시간이 지난 뒤에도 확실히 안전하리라고 평가받는 우량 회사나 은행 등 평판이 좋은 회사의 후순위채만을 선택해야 한다. 둘째, 채권투자는 갑자기 돈이 필요하더라도 손해를 보고 다른 사람에게 팔지 않는 한 중도해지가 불가능하므로 장기적 자금유동성을 충분히 고려해서 투자해야 한다.

▮▮ 좀 더 안전한 주식투자 방식 찾기

주식에 투자하고자 할 경우에는 기본적으로 두 가지 길이 있다. 첫째는 우량주만 골라 장기적으로 분산투자하는 것인데, 앞서 설명한 니프티-피프티 개념을 활용해 우량주 풀을 만든 다음 그 범주 내에서 분산투자하는 방법이 있다. 둘째는 평판이 좋고 펀드 설정액수가 일정 규모(적어도 500억~1,000억 원) 이상이며 과거에 지속적으로 일정 금액 이상 수익을 낸 자산운용사의 주식형 펀드를 골라서 적립식 정액분할 방식으로 투자하는 것이다. 어느 방법이든 기본적인 안전수칙을 잘 지킨다면 적지 않은 수익을 기대할 수 있다.

그럼 주식형 펀드를 선택할 때의 기준은 무엇일까? 일반적 기준은 다음과 같다. 우선 성장형 펀드, 가치형 펀드, 인덱스형 펀드, 테마형 펀드 등 펀드의 전반적 스타일과 특징을 먼저 파악한 후 자신의 성향이나 필요에 따라 펀드를 고르는 방식이 있다. 예를 들어 나이가 젊고 초기에 가능한 한 빠른 속도로 목돈을 마련하는 것이 투자의 목표라면 성장형 펀드를 선호할 것이고, 녹색산업이나 원자력 관련 등 특정 테마에 전문성이 있다고 자신하는 사람이라면 테마형 펀드를 선택할 것이다. 다소 위험회피 성향을 지닌 투자자라면 인덱스 (index), 즉 지수를 구성하는 여러 종목에 분산투자하여 위험을 줄인 인덱스 펀드에 정액분할투자를 할 것이며, 워런 버핏처럼 가치가 저평가된 주식으로 구성된 펀드를 사서 오래오래 인내심을 갖고 기다릴 의향을 지닌 사람이라면 가치형 펀드를 선택할 것이다.

▮▮ 개별적 니즈에 맞춘 맞춤형 펀드

이 외에 또 다른 펀드 선택기준으로는 안전성을 중시하는 노년준비형 투자자들의 개별적 니즈에 맞춰서 내놓는 여섯 가지 유형의 맞춤형 펀드가 있다.

우선 첫째로 분할매수형 펀드가 있는데 이는 주식투자 비중을 펀드가 정한 원칙에 따라 점차 늘려나가는 방식으로, 주식시장이 불확실해서 적정 진입시점을 찾기 어려울 때 유용한 펀드다.

둘째로 분할매매형 펀드가 있는데, 주가가 떨어질 때 주식을 분할해서 사들인 후 주가가 상승 국면에 접어들 때 분할해서 파는 형태를 말한다. '저가 분할매수', '고가 분할매도'라는 상식을 투자전략의 핵심으로 구체화시킨 펀드라고 보면 된다.

셋째로는 목표수익전환형 펀드가 있다. 펀드 가입 시 목표수익률을 명확히 사전에 정한 다음 이 목표가 달성되면 그 이상은 주식형으로 운용하지 않고 안전한 채권형으로 전환해 수익률을 보수적으로 유지하는 형태의 펀드다. 참고로, 분할매수와 목표수익전환형을 결합한 펀드도 있다.

넷째로 월이자지급형 펀드도 있다. 노년재무설계에서는 매달 정기적인 수입이 들어오도록 하는 것이 중요한 포인트다. 노년재무설계 방식 가운데 연금이 가장 일반적인 이유도 매달 정기적 수입을 약속하기 때문이 아니겠는가. 이에 따라, 돈이 많은 베이비부머 은퇴세대를 겨냥해 증권사들이 월이자 지급형 펀드를 내놓았다. 펀드에서 발생한 수익을 한꺼번에 받지 않고 매달 이자 형태로 받도록 설계한 펀드다. 수입이 다소 들쑥날쑥하므로 다른 확정형 연금과 병행해서 선택할 만한 펀드다.

다섯째로 연금저축 펀드, 장기주택마련 펀드 등이 있다. 일정 수준까지 소득공제와 절세 혜택을 받을 수 있는 펀드다. 적극적 자산운용으로 고수익을 겨냥하지만 연금 형성과 주택마련이라는 뚜렷한 목적성을 띠기 때문에 다른 펀드보다는 안전성에 방점을 두어 운용된다.

여섯째로 라이프사이클 펀드가 있다. 앞서 안전자산과 위험관리가 필요한 적극적 투자자산의 비율에 대해 '100-나이의 법칙'을 제시한 바 있는데, 아예 나이에 따라 포트폴리오 관리가 이뤄지는 펀드상품이 바로 라이프사이클 펀드다. 이 펀드는 적립식으로 일정액을 불입하면 펀드매니저가 가입자 연령에 맞춰 위험자산 비중을 조정해주고 결혼, 주택마련, 퇴직 등 중요한 자금수요 이벤트에 맞추어 자금이 필요한 만기 시점으로 갈수록 고위험 자산편입 비율을 줄이고 안전한 채권 비중을 늘려나가도록 설계된 펀드다. 고령화 시대를 맞아 미국 등 선진국에서 인기를 끌고 있다.

최근에는 맞춤형 펀드가 다양하게 쏟아져나오면서, 위에 언급한 여러 펀드를 특성에 따라 연결하고 조합한 복합형 펀드도 인기를 끌고 있다. 단, 펀드투자에서는 어떤 펀드를 선택하든지 장기투자가 좋다는 점을 명심해야 한다.

그런데 주식투자에서 '장기투자'는 대체 어느 정도의 기간을 말할까? 퇴직연금의 경우에는 수십 년이 될 수도 있을 테지만, 전문가들은 대체로 최소 3년은 기다리는 인내심이 있어야 한다고 충고한다.

▮▮ 맞춤형 자산운용: 랩 어카운트

은행과 보험회사, 주식과 채권 등에 합리적으로 분산투자해야 한다고 강조했지만, 주식과 채권을 매입하고 매각하는 일 자체가 실은 번거롭게 느껴질 수 있다. 어디 그뿐인가. 필요한 경우에는 단기적으로 자금을 운용하기도 해야 한다. 이런 일들을 하려면 일련의 작업 시간이 소모되고 신경 쓸 일도 생긴다. 그 점이 부담스러운 사람이라면 약간의 수수료를 지불하더라도 최근 인기를 끌고 있는 랩 어카운트(wrap account) 방식을 이용해볼 수 있다.

랩 어카운트의 가장 큰 특징은 자산운용의 신축성과 탄력성이다. 가령 주식형 펀드는 주가가 오르든 내리든 간에 무조건 60% 이상 보유 상태를 유지해야 궁극적으로 수익을 얻을 수 있다. 주가가 장기적으로 하락해 쉬어갈 타이밍일지라도 무조건 주식을 보유해야 하는 것이다. 반면 랩 어카운트는 운용자가 시장이 장기적으로 하락할 것이라고 보고 주식을 처분해 다른 단기투자 상품으로 바꿔서 운용하는 것이 가능하다. 주식과 채권뿐만 아니라 기업어음(CP), 수익증권, 각종 선물, 환매조건부채권(RP) 등 다양한 금융상품에 적시에 투자할 수 있다. 따라서 각각의 금융상품이 지닌 장단점과 기간에 따른 변동 내용에 대해 잘 모르거나 그때마다 자산을 재구성하기가 쉽지 않은 투자자들에게 유리한 방식이다. 펀드와 달리 랩 어카운트는 10여 개 안팎의 핵심 우량주 위주의 포트폴리오로 운용된다.

랩 어카운트는 자산운용 방식에 따라 '자문형'과 '일임형'으로 나눌 수 있다. 고객의 재무적 요구나 자금 상황 등을 파악해 맞춤투자를 설계해주고 중간점검을 해주며 적절히 재설계를 해주는 등의 서비스를 제공하지만 주문 자체는 고객이 내는 것이 자문형이다. 반면 일임형은 아예 증권사가 고객의 돈을 맡아서 주식·채권·펀드 등 각종 금융상품을 오가며 종합적 운용을 해주는 형태다.

랩 어카운트의 또 다른 특징은 투자자 개개인에 대한 맞춤형 서비스가 가능하다는 점이다. 랩 어카운트는 1975년 5월 미국의 증권사 후톤(E. F. Hutton)이 처음 아이디어를 내서 도입이 이뤄진 서비스인데 그 당시에는 별로 주목받지 못했다. 그러다가 1987년 10월 블랙 먼데이를 겪으면서 도입이 점차 활성화되었다. 블랙 먼데이를 경험한 개인투자자들이 증시를 떠나는 움직임이 본격화되자 다급해진 증권사들이 장기적 고객 확보를 위한 맞춤서비스 차원에서 적극 도입하기 시작한 것이다.

그러나 공짜 점심은 없다는 말은 여기서도 어김없이 적용된다. 최선을 다해서 설계를 해주고 투자를 해준다 하더라도 반드시 잘된다는 법은 없고, 거기에다 수수료 부담까지 져야 한다. 수수료는 예탁자산의 1.5~3% 정도인데 상승장에서야 큰 부담이 되지 않겠지만 시장이 아무리 나빠져도 반드시 부담해야 하는 비용이므로 그 부분에 대한 마음의 준비가 필요하다.

아울러 랩 어카운트는 운용주식이 10여 개 정도로 소수 주식에 집중된다. 즉 위험분산이 덜 되기 때문에 운용사의 능력과 신용이 일반 펀드보다 훨씬 강조된다는 사실을 염두에 두자.

최근에는 랩 어카운트를 변형한 '랩 응용 버전'도 인기를 끌고 있다. 예컨대 일정 기간 동안 위임을 받아 주식과 채권 등 각종 금융상품을 오가며 투자를 대신해주고 운용수익률이 사전에 정한 8~10%에 도달하면 상환하거나 안전자산으로 전환하는 목표수익전환형 랩 등이 있다.

03   고위험–고수익 투자를 통한 자금조달: 파생상품

주가나 금리 등 금융상품을 기초로 한 파생금융상품 혹은 금이나 원자재 등 실물을 기초로 한 파생상품에 직접 투자하거나 여기에 투자하는 펀드에 가입하는 것이 고위험–고수익 그룹에 속한 투자라고 할 수 있다. 파생상품을 구성하는 선물거래의 기초자산은 다음과 같다.

- **상품선물** 옥수수, 밀 등 주요 작물
  원유, 면화, 금, 은, 기타 보석 및 철광석
- **금융선물** 금리 선물, 주가지수 선물, 외환 선물 등

선물이나 옵션 같은 고위험–고수익 상품군에 일반 투자자들이 접근하기는 쉽지 않다. 그래서 금융사들이 간접 파생상품 투자펀드를 내놓기도 하는데, 리먼 브라더스 사태 이후 전

세계 금융시장이 하락하자 국내에서도 수많은 파생상품 펀드 피해가 발생했다. 문제는 피해자들 가운데 상당수가 파생상품이 무엇인지 전혀 모르는 상태에서 파생상품에 투자하는 펀드에 가입했다는 것이다. 심지어 확정이자율과 기대수익률에 무슨 차이가 있는지도 모르는 '금융문맹'에 가까운 사람이나 노인들이 기대수익률이 높다는 말만 듣고 파생상품 혹은 파생상품이 70% 이상 혼합된 펀드에 가입했다가 피해를 입었다.

따라서 자신의 금융 IQ가 정말로 높아서 해당 금융상품에 잠재된 큰 위험을 충분히 알고 또 감당할 수 있다고 자신하거나 이런 상품에 전문지식을 가진 재무전문가의 도움을 받을 수 있는 상당한 자산가가 아니라면 파생상품 혹은 파생상품과 결합된 금융상품은 아예 피하거나 비중을 최소한으로 낮추는 것이 좋다.

어느 정도 안전성을 감안해서 투자자들에게 선보이고 있는 가장 일반적인 주가연계 파생상품으로는 증권사의 ELS나 은행의 ELD 같은 주식연계증권(ELN: Equity Linked Note)을 예로 들 수 있다. 원금 보장형이나 원금 부분보장형, 원금 비보장형 등 다양한 형태가 있지만 2008년 금융위기 이후 ELS 역시 워낙 피해가 컸던 탓인지 최근에는 원금 보장형이 많다. 채권 혼합형인 ELN은 원금을 보장하거나 최저수익률을 보장하면서 주가가 사전에 구성된 조건을 충족시키면 플러스알파의 추가 수익을 지급하는 형태다. 투자자금의 일부는 채권에 투자해서 안전성을 확보하고 나머지 투자자금은 주가지수나 개별 주식 종목의 주가에 연동해 수익률을 결정하는 옵션 등으로 구성한 주가연계 파생상품의 일종이다. 이 형태의 상품으로 분산투자의 효과를 최대한 살리려면 개별 종목의 주가보다는 코스피200 등 종합주가지수에 연동하는 상품을 선택하는 것이 안전하다. 아무리 우량주라고 하더라도 기초자산이 두세 개 정도에 그치면 위험할 뿐만 아니라 만기일에 주가조작의 가능성도 있기 때문이다. 실제로 만기일 직전 기초자산을 구성하는 주식을 대량투매하여 가격을 하락시킨 사건이 발생하기도 했다. 만약 코스피200이 기초자산이었다면 이런 일은 발생하지 않았을 것이다.

비슷한 성격의 상품을 증권사는 주가연계증권(ELS)이라는 이름으로, 은행권은 주가연계예금(ELD)이라는 이름으로 출시하고 있다. ELS는 수익실현의 형태에 따라 크게 네 가지로 분류되지만 형태가 비슷하다고 해도 구성방식에 따라 내용과 조건이 천차만별이며 수많은 변수가 있기 때문에 투자하기 전에 반드시 정확한 구성방식을 이해하고 철저히 확인해야 한다.

ELS의 종류

① **Knock-out형** 계약기간 중 주가지수가 단 한 번이라도 약정 수준에 도달하는지 아닌지가 중요한 포인트인 형태다. 예를 들어 1년 만기 ELS로 주가가 1년 동안 상승률 25% 이내의 박스권 안에 머물러 있으면 18%의 수익률을 지급하고 25%를 넘어서면 8% 수익률, 하락시 원금을 보장해주는 구조라고 가정해보자. 이 경우 단 한 차례라도 주가가 25% 박스권을 벗어나면 knock out이 되어 8% 수익률로 고정되기 때문에 주가가 오르면 ELS 수익률도 좋을 것이라는 막연한 기대는 금물이다.

② **Bull Spread형** 가입 시점의 주가지수를 기준으로 주가지수 상승률에 비례해 수익률이 높아지다가 사전에 약정한 수준 이상으로 상승하면 약속된 최대 수익률에서 멈추는 형태다.

③ **Digital형** 옵션 만기일의 주가지수가 사전에 약정한 수준 이상 혹은 이하에 도달하면 확정수익을 지급하고 그렇지 못하면 원금만 지급하는 방식이다.

④ **Reverse Convertible형** 주가지수가 사전에 약정한 수준 이하로만 하락하지 않으면 주가가 하락해도 일정 수익을 보장하는 방식. 주식시장이 약세지만 크게 하락하지 않을 것으로 예상될 때 선택하는 상품이다.

5장

생애재무설계의 10계명

01 부동산 부자 – 현금 거지 증후군을 경계하라

인생에는 동물적 육감으로 올인해야 하는 시점이 있다. 자신의 진로나 직장을 놓고 고민할 때 혹은 배우자를 선택할 때가 그렇다. 고민은 깊게 하되, 일단 선택했다면 한눈팔지 말고 시간과 비용을 들여 전력을 다해야 한다.

그러나 생애재무설계 사전에는 절대 없어야 할, 아니 아예 삭제해버려도 괜찮은 단어가 하나 있으니 바로 '올인'이다. 분산투자, 포트폴리오 원칙이야말로 생애재무설계의 불문율이다. 예외 없는 원칙은 없다지만 생애재무설계에서 분산투자는 그야말로 예외 없는 원칙 그 자체다.

하지만 이 원칙이 예외 없이 언제나 잘 지켜지는 것은 아니다. 특히 우리나라 사람들이 자기 자산을 올인하기 쉬운 곳이 부동산이다. 부동산에 올인하는 것은 과거 수십 년간 집값이 지속적으로 폭등해 '부동산 불패 신화'라는 화려한 과거의 그림자에 취한 탓이다.

한국의 자산시장에서 부동산과 금융은 현재 평균 4대 1의 비중을 유지하는 것으로 추정된다. 2006년 상공회의소가 조사한 '우리나라 가계의 자산보유 현황과 시사점'에 따르면 우리나라 가계자산에서 부동산이 차지하는 비중은 83.4%인 반면 금융자산은 10.2%에 불과한 것으로 나타났다.

이 비율이 미국에서는 1대 2로 부동산 비중이 더 작다. 일본 역시 갈수록 부동산 비중이 줄어드는 추세다. 점점 더 길어지는 노후생활을 감안한다면 나이가 많아질수록 부동산 대신 금융자산 비중을 높이는 것이 현명한 일이다.

▌▌ 부동산 덫에 빠진 중산층

최근 부동산 거품이 빠지고 경기가 나빠지면서 거래가 중단되어 부동산의 덫에 빠진 중산층이 적지 않다. 이른바 '부동산 부자-현금 거지(house rich, cash poor) 증후군'에 시달리는 사람들이다. 빚을 내서 1가구 2주택자가 되었지만 여러 가지 이유로 부동산을 처분할 수 없어 대출이자 내느라 허리가 휘고 신용카드로 간신히 돌려막기를 하며 어렵게 생활하는 자산 부자, 현금 거지를 말한다.

주택이나 부동산을 팔고 싶기는 한데 원금손실을 보고 파는 게 싫어서 무리하게 버티는 사람들도 있다. 그러나 그동안에 낸 이자나 원금은 일종의 매몰비용(sunk cost)으로 봐야 한다. 재무관리를 할 때 현명하고 냉정한 판단을 하기 위해 명심할 게 있다. 과거는 과거로 흘러보내고 미래만을 고려 대상으로 삼아야 한다는 점이다. 즉 '이대로 무리한 이자를 내며 부동산을 보유하는 것이 향후에 나은지, 원금손실을 보더라도 지금 팔아서 현금을 확보하고 이자부담을 줄이는 게 나은지'만을 고민해야 한다. 과거에 들어간 돈에 연연한다면 손실만 더 커질 뿐이다.

전문가들은 주택으로 인한 이자부담이 전체 소득의 10%가 넘는 경우라면 무리하게 1가구 2주택을 유지하지 말고 다소 손해를 보더라도 과감하게 정리하는 편이 낫다고 충고한다.

1가구 2주택을 청산하지 못하는 사람들 가운데는 어려운 상황 속에서도 참고 견디며 이자를 많이 냈는데 조금만 더 참으면 부동산 경기가 되살아나 그간의 고생을 보상받지 않을까 하는 막연한 기대를 가진 사람이 적지 않다.

그러나 앞서 설명한 대로 저출산-고령화 때문에 기본적으로 주택수요 감소는 움직일 수 없는 대세라고 봐야 한다는 것이 전문가들의 견해다. 특히 2007년부터 각종 뉴타운 사업과 재개발 사업으로 부동산 투기의 주 대상이었던 아파트의 잠재적 공급량이 많이 늘어난 상태다.

더구나 주택 구입의 핵심 지표인 가처분소득이 최근 몇 년 동안 별로 늘지 않았다. 한국금융연구원에 따르면 외환위기 이후 9년 동안 가계의 가처분소득은 연평균 4.7% 증가하는 데 그쳤다. 외환위기 이전 9년 동안 14.7%의 증가율을 보였던 데 비하면 현저히 떨어진 수준이다. 소득이 늘지 않으면 무리해서 주택을 사려는 욕구도 당연히 줄어든다.

가처분소득이 별로 늘지 않았는데도 2000년대 중반까지 부동산 투기 붐이 일었던 것은 정상적인 주택수요에 의해서라기보다는 시중에 돈이 많이 풀린 상황에서 막바지 투기 붐이 휩쓸고 지나갔기 때문이다. 정부가 기업도시, 혁신도시, 행정복합도시 등 온갖 개발 프로젝트를 추진하면서 땅을 매입하는 바람에 돈이 엄청나게 풀려나간 데 적잖은 영향을 받은 것이다. 땅을 수용당하면서 받은 넘쳐나는 돈으로 지방의 땅부자들이 개발 재료가 있는 지역의 부동산을 또다시 사들였고 강남의 아파트를 사들였다.

그러나 이제 부동산 호황시대는 막을 내리고 있다. 부분적으로 등락을 거듭할 수야 있겠지만 빚을 내서라도 부동산만 사두면 큰 수익을 거둘 수 있던 과거의 부동산 불패 신화는 무너졌다. 일본은 "잃어버린 20년"이 시작된 1990년에 20대 인구가 감소하면서 부동산 가격이 추락하기 시작했다. 우리나라는 2012년부터 20대 인구가 줄어든다.

과거에 누리던 화려한 영화만 생각해서 무리한 이자를 내가며 1가구 2주택을 움켜쥐고 있을 것인가, 아니면 다소 원금 손해를 보더라도 과감히 정리하고 그 현금을 다른 곳에 투자할 것인가. 지금이야말로 결단을 내릴 때다.

자녀교육비로
다 써버리지 마라

자녀들을 필리핀에 유학시키고 한 푼이라도 더 벌려고 무리한 일을 자청하다가 사망한 가장의 이야기가 TV 뉴스에 등장한 적이 있다. 과거 제대로 교육받지 못한 아픔을 가진 이 가장은 아들이 학교에서 공부를 잘하는데도 제대로 뒷받침해주지 못하고 영어교육도 제대로 시키지 못하는 게 안타까워 전세금을 빼서 아내와 아들들을 필리핀으로 유학 보냈다. 그러고는 자기 자신은 싸구려 여인숙을 전전했다. 가장이 불의의 사고로 사망한 후 기자들이 찾은 여인숙은 잠자리의 이불도 개켜지지 않은 상태였다. 좁고 허름한 여인숙 방에는 그가 먹다 남은 라면국물이 담긴 냄비가 덩그러니 놓여 있었다. 이 가장이 얼마나 궁핍하고 비참하게 살았는지를 짐작하게 만드는 화면이었다.

정도의 차이는 있지만 이처럼 자신의 노후는 아랑곳하지

않고 자녀들을 위해 아낌없이 사교육비를 쓰거나 중고등학교 때부터 자녀를 외국 유학시키며 혼자 단칸방에서 사는 기러기아빠가 적지 않다. "잘난 아들은 국가의 아들, 돈 잘 버는 아들은 장모의 아들, 못나고 백수인 아들은 내 아들"이라는 우스갯소리가 남의 일 같지 않은데도 불구하고 우리네 부모들은 자기 미래를 저당 잡혀서라도 자녀교육에 올인한다.

우리나라에선 〈취권〉 시리즈로 유명해졌고 할리우드에도 진출해 코믹 쿵푸로 유명해진 액션배우 성룡이 2008년 기자회견에서 재산을 자녀들에게 물려주지 않고 사회에 환원하겠다고 밝혔다. 만약 자기 자녀들이 능력이 있다면 돈을 물려주지 않아도 알아서 잘살 것이고, 능력이 없다면 돈을 물려줘도 그 돈을 지켜내지 못하리라는 것이 성룡의 설명이었다.

맞는 말이다. 공부를 잘할 자녀 같으면 적정선만 지원해줘도 충분히 자기 앞길을 열어갈 것이고, 공부에 영 취미가 없거나 오히려 다른 곳에 재능이 있는 자녀라면 아무리 사교육비에 돈을 쏟아붓고 유학을 보내도 깨진 독에 물붓기가 되기 십상이다.

돈, 새는 것부터 막아라

기업의 존립 및 사업 목적은 수익 극대화다. 수익을 극대화하는 방법은 매출을 극대화하든지 아니면 비용을 최소화하든지 혹은 둘 다를 추구하는 것이다.

max.(수익)={max.(매출) 혹은 min.(비용)}

그런데 실제로 기업이 매출을 늘리는 데는 한계가 있다. 무리한 매출 드라이브를 걸다가 마케팅 비용이 더 지출될 수도 있고, 나중에 돈을 지불받기 어려운 악성매출이 되어버릴 수도 있다. 매출을 애써 늘려봐야 비용을 제하고 나면 매출이익률이 채 10%가 안 되는 경우도 많다.

그렇다면 비용 측면은 어떤가? '비용'은 현재 확실히 내 손에 쥔 돈을 쓰는 것이다. 매출 10억 원과 비용 10억 원은 개념이 완전히 다르다. 매출이익이 10억 원이라면 비용을 제한 실제 순이익은 1억 원밖에 안 될지도 모르지만, 비용 10억 원은 현재 내 손에 쥐고 있는 돈이다. 다시 말해 그 돈을 벌려면 100억 원의 매출을 올려야 한다는 뜻이고 그러기 위해 죽도록 노력했다는 의미다. 매출신장도 중요하지만 비용절감도 그 못지않게 중요한 까닭이 여기 있다.

▌▌ 고수익 투자보다 낭비관리가 더 중요

개인투자자 역시 무리하게 고수익 투자에 목맬 필요가 없다. 우선은 비용절감, 즉 내가 쓰는 돈에서 낭비성으로 새나가는 돈을 관리하고 그 돈을 투자로 돌리는 노력이 현실적으로 더 중요하다.

　돈이 새는 것을 방지하려고 할 때 도움이 되는 표가 〈재무상태표〉와 〈현금입출금표〉다. 〈재무상태표〉에서는 현재 보유한 모든 자산, 즉 예금 및 적금과 주식이나 채권, 부동산, 현금자산 등 자산 항목과 함께 여러 가지 부채 항목을 쭉 나열하며 정리해본다. 〈재무상태표〉를 작성하는 목적은 자산 항목별로 시가를 계산하여 각 자산별 투자비율을 계산하고 포트폴리오의 적정성을 파악하는 것이다. 만약 특정 자산에만 지나치게 투자가 몰렸다고 생각되면 이를 적정 비율로 교정해 나가야 하기 때문이다. 따라서 〈재무상태표〉에서 따져볼 부

표 5-1 〈재무상태표〉를 통해 점검해야 할 항목

자산 항목		부채 항목	
유동성 자금	현금, 예금, MMF	단기 부채	마이너스 통장, 신용카드 등
투자자산	예·적금, 채권, 주식, 부동산(투자용, 거주용)		
노후 대비 자산	국민연금, 개인연금, 퇴직연금, 기타연금	중장기 부채	주택담보 대출 등
위험에 대비한 자산	각종 보장성 보험		
자산 합계		부채 합계	

분은 특정 자산에 대한 쏠림 여부, 수익률 대비 안전자산과 위험자산의 비율, 현금자산의 적정 비율이다.

그러나 〈재무상태표〉만으로는 자신의 재무상태를 점검하는 데 한계가 있다. 부채와 자산의 총규모나 비율 파악도 중요하지만, 부채로 인해 지출되는 현금성 이자가 감당할 만한 수준인지, 나도 모르게 습관적으로 지출하고 있는 낭비성 소비는 없는지, 전체 소득에서 지출·소비·저축의 비중이 얼마인지, 자신의 소비성향은 어느 정도인지 등을 객관적으로 파악하는 일은 그보다 더 중요하다. 이를 위해서는 〈재무상태표〉와는 별도로 〈현금흐름표〉를 만들어볼 필요가 있다.

〈현금흐름표〉에서 핵심적으로 체크해볼 내용은 다음 두 가지다. 첫째, 낭비성 지출 항목을 알아내야 한다. 둘째, 적정 소비와 적정 저축이 이뤄지고 있는지를 점검한다. 〈현금흐름표〉라고 해서 복잡하게 생각할 필요는 없다. 그저 가계부의

표 5-2 〈현금흐름표〉를 통해 점검해야 할 항목	
현금유출 항목	
저축과 투자	정기적금, 펀드, 주식/채권
고정적 성격의 지출	국민연금, 개인연금, 대출이자, 각종 공과금과 세금 등
변동적 성격의 지출	식료품비, 주거비, 광열수도비, 가구가사비, 피복신발비, 보건의료비, 교양오락비, 교통통신비, 술값 등 기타 소비 지출, 교육비, 부모님 용돈 등
유출 합계	................원
현금유입 항목	
고정적 성격의 현금유입	근로소득 등
일시적 성격의 현금유입	은행이자나 주식배당금 등
유입 합계	................원

일종으로 생각하면 된다. 특히 월급이 오르거나 예상치 못한 소득이 발생했을 때 늘어난 소득에 대해 자신의 한계소비성향과 한계저축성향이 어떤지를 객관적이고 냉정하게 파악하는 데 도움이 된다. 생각지 못했던 연말 상여금이 발생했을 때 여기저기 인심 쓰고, 평소 사고 싶었던 취미용품을 사고, 술 마

한계소비성향과 한계저축성향 ▌▌▌▌

① 소비성향(propensity to consume; PC) = 소비지출/총소득 비율

② 저축성향(propensity to saving; PS) = 저축/총소득 비율

③ 한계소비성향(marginal propensity to consume; MPC) · 한계저축성향(marginal propensity to save; MPS): 실질소득이 늘어났을 때 늘어난 소득 중에서 각각 소비와 저축에 쓰인 비율

시면서 스트레스 푸는 데 다 지출해버렸다면 자신의 한계소비 성향이 높다고 판단하고 소비성향을 억제하기 위해 노력해야 한다.

04 '베블런의 덫'에서 벗어나라

젊었을 때 미리미리 은퇴 및 노후 준비를 하자고 말하면 흔히
들 쥐꼬리 월급을 받는 탓에 현재 먹고살기도 힘겨운데 무슨
돈으로 미래를 위해 투자할 것이며 더군다나 수십 년 후인 은
퇴까지 앞서 걱정하겠느냐고 반문한다. 물론 맞는 말이다. 현
대인들 대부분은 당장 먹고살기도 빠듯할 정도로 삶이 쉽지
않다. 하지만 그렇다고 현재 돈을 많이 버는 사람이 나중에도
더 잘사는 건 절대 아니다.

예전에 미국 TV에서 홈리스들을 추적 조사한 다큐 프로그
램을 방영한 적이 있었다. '홈리스'라고 하면 질병이나 신체적
장애, 알코올중독 등의 문제로 노동능력을 잃은 사람이라고 생
각하기 쉬운데, 놀랍게도 이들 가운데는 신체적으로도 아무 문
제가 없고 과거에 엄청나게 부자였던 사람이 적지 않았다.

외모로만 보면 영락없는 귀부인인 홈리스도 있었는데, 그

녀는 공중화장실에서 샤워나 세수를 하고 구호품센터에서 옷을 얻어 입고는 뉴욕의 화장품가게를 돌아다니며 공짜로 화장해주는 서비스까지 받아가며 고운 자태로 살고 있었다. 집이 없어 고물차 안이나 공원에서 자는 것만 제외하면 아무도 홈리스라고 믿지 않을 정도로 우아하고 아름다운 외모였다. 실제로 그녀는 부잣집에서 태어나 좋은 남자를 만나 결혼도 했는데 심한 낭비벽이 문제가 되어 이혼을 당한 사람이었다. 이혼할 때 위자료도 적지 않게 받았고 친정에서 경제적 도움도 받았지만, 그녀의 낭비벽은 사라지지 않아 결국 개인파산 신청을 해야 했다. 친정에서도 그녀를 포기한 상태였다. 그녀의 사례에서 볼 수 있듯이 가진 게 없어서 홈리스가 되는 건 아니다. 그녀는 가진 것보다 훨씬 많은 돈을 썼기 때문에 홈리스가 되었다.

▌▌엄청난 돈을 벌고도 알거지가 되는 까닭

한국에서도 왕년에는 큰돈을 번 스타가 나중에는 지독한 생활고에 시달리며 괴롭게 살고 있다는 이야기를 종종 듣는다. 이들 가운데는 사회적 체면과 돈이 없는 현실 사이에서 부대끼다 그런 상황을 탈피하고자 아예 해외로 나가 밑바닥 생활부터 다시 시작한 사람도 있다. 사람인 이상 우리가 어떤 소비를 할 때 그 유용성을 언제나 합리적으로 따진 후에 비용을 지불하지는 않는다. 역설적으로는 오히려 값이 비싸다는 이유로, 즉 값비싼 소비행위를 통해 다른 사람에게 과시할 수 있기 때문에 브랜드 하나를 구매하는 데 엄청난 돈을 기꺼이 지불하기도 하는데, 이것이 바로 스타들의 비극을 만들어낸다.

한국만이 아니다. 전 세계적 전설로 남은 유명 스타들도 전성기가 지나고 한참 뒤에 보면, 겉만 화려할 뿐 빚더미에 눌려 있거나 알거지가 된 경우가 적지 않다. 미국의 전설적 로큰롤(rock and roll) 스타인 엘비스 프레슬리도 엄청난 돈을 벌었지만 재무관리를 잘못해서 어려움을 겪은 대표 사례다. 엘비스 프레슬리는 고등학교를 졸업하고 유명 가수가 되면서 한 해에도 수백만 달러를 벌었지만, 40대 초반에는 크나큰 재정적 어려움에 직면해야 했다. 번 것보다 더 많이 소비한 탓이다. 대체 무슨 돈을 얼마나 쓴 것일까.

우선, 엘비스 프레슬리가 번 돈을 감옥에서 복역하고 나온 그의 아버지가 관리했다는 게 문제다. 엘비스의 아버지는 아들이 벌어들인 막대한 돈을 헤프게 썼을 뿐만 아니라 엉뚱한 곳에 잘못 투자하는 바람에 엄청난 손실을 입었다. 엘비스 스스로도 친구와 친척에게 비싼 선물을 사 주거나 천문학적 비용을 들여 화려한 생일파티를 열거나 자신이 사는 넓은 거주지를 가꾸느라 물 쓰듯 돈을 썼다. 이렇듯 아버지와 아들이 경쟁적으로 돈을 쓰는 바람에 천문학적 액수의 돈을 벌었는데도 남는 게 별로 없었던 것이다.

상상할 수 없을 만큼 돈을 벌고도 돈에 쪼들린 슈퍼스타로는 얼마 전 타계한 전설적 가수 마이클 잭슨도 있다. 마이클 잭슨은 장난감과 골동품 수집에 집착을 보여 상상할 수 없을 정도로 큰돈을 썼을 뿐만 아니라 자신이 사는 집인 캘리포니아의 호화주택 네버랜드를 유지하는 데도 많은 돈을 썼다. 버는 돈보다 쓰는 돈이 훨씬 많은, 엄청난 생활비 적자를 메우기 위해 마이클 잭슨은 대저택 네버랜드와 소니/ATV 지분 등을 담보로 수억 달러를 대출받았고, 이 때문에 그가 사랑하던 네버랜드 소유권이 시카모어 밸리 랜치라는 회사에 넘어가고 마는 불운까지 겪게 된다.

▌▌생애재무설계를 위한 심리적 기초공사

미국의 사회학자 베블런(Veblen, Thorstein Bunde)은 《유한계급론(The Theory of the Leisure Class)》에서 유명스타들과 이들을 추종하는 사람들의 '과시소비 효과'에 대해 통찰력 있는 설명을 내놓는다.

현대인은 대중이라는 이름 속에 파묻혀 있다. 몰개성의 시대를 살고 있기 때문에 자신이 남과는 다르다는 자신감을 갖기 위해서, 또 스스로를 차별화하기 위해서 실제 가치보다 엄청나게 비싼 상품을 찾아 '과시가격(conspicious price)'을 지불하려는 욕구가 생겨난다는 것이다. 그래서 일반 상품은 가격이 하락해야 수요가 느는 데 비해 빈티지 진과 명품 핸드백과 의류, 고급 사치품 등 이른바 '베블런 재화'는 가격이 오를수록 수요가 늘어나는 역설을 보인다. 어느 보석가게에서 적정 가격으로 보석을 전시했더니 잘 안 팔리다가 우아한 미인 매니저를 고용하고 가격도 상상할 수 없을 정도로 올리자 오히려 매출이 늘었다는 웃지 못할 마케팅 사례가 등장하는 것도 이런 이유다.

특정 과시상품의 소비가 확산되어 더는 차별화 효과를 낼 수 없게 되면 부유층은 누구나 소비할 수 있는 '저가명품'은 사지 않은 채, 남들이 쉽게 살 수 없는 더 값비싸고 더 진귀한 상품에 눈을 돌린다. 일반인이 이 같은 베블런 재화의 덫에 걸려 명품이나 호화소비를 과시적으로 늘리면 아무리 많이 벌어도 미래에 안정된 생활을 누릴 수 없는 건 당연한 이치다.

결국 평생에 걸쳐 안정적 삶의 질을 유지하는 핵심 요소는 지금 얼마나 많이 버느냐가 아니라 얼마나 합리적으로 계획하고 지출하느냐다. TV에서 본 스타가 든 명품 핸드백과 빈티지 진, 체격 좋은 남자 스타가 입은 이탈리아 브랜드 양복에서 초연해지는 것, 화려한 외모 뒤에 숨겨진 공허한 열등감에서 벗어날 수 있는 당당한 자신감을 갖는 것이 생애재무설계의 심리적 기초공사다.

합리적 대출과
철저한 신용관리

현대인에게 신용등급은 한마디로 '돈' 그 자체라고 할 수 있다. 신용등급에 따라 대출금리가 천차만별이고 대출한도도 차별을 받기 때문이다. 눈에 보이지는 않지만 생애재무설계에서 가장 중요한 자산이 바로 신용이다. 쌓는 데는 오랜 시간이 걸리는 반면, 무너지는 건 한순간이라는 점에서 신용은 벽돌쌓기에 비유되기도 한다.

평소 꾸준히 신용관리에 신경을 써야 하지만, 우선 당장 해야 할 일은 각 신용평가사를 통해 자신의 신용등급을 확인해보고 문제점이 발견되면 개선해나가는 노력이다.

그런데 신용관리에도 요령이 있다. 자기 스스로 신용을 확인해보는 것은 별 문제가 되지 않지만 금융기관의 신용조회가 단기간에 많이 접수될 경우 신용등급에 부정적 영향을 끼칠 수 있다. 특히 할부금융회사나 대부업체의 조회기록이 있으면 신용등급에 빨간불이 켜진다. 대출한도가 높고 대출받기 쉽다는 말만 듣고 무심코 고금리 대부업체 등에서 대출을 받으려고 알아본다면 실제로 돈을 빌린 게 아닐지라도 신용등급에 부정적 영향을 끼칠 수 있다는 이야기다. 고금리 대부업체에서 돈 빌린 경험이 있으면 아무 문제 없이 제때 갚았다고 하더라도 그 자체만으로도 신용에 마이너스가 된다. 나중에 정상적인 금융기관에서 금리가 낮은 대출을 받으려고 할 때 거절을 당하거나 불리하게 작용할 수도 있다는 사실을 명심하자.

▌▌ 신용관리에도 요령이 있다

신용관리에서 고려해야 할 또 다른 치명적 요소는 무리한 신용카드의 발급과 사용이다. 얼마 되지도 않는 각종 할인혜택을 받겠다는 생각에 수없이 많은 카드를 무조건 발급받는 건 TV 광고의 문구대로 "애송이" 같은 태도이다. 자신에게 꼭 필요한 할인혜택을 제공하는 카드 몇 장 말고는 단호히 없애버리는 게 좋다. 발급받은 신용카드 수가 너무 많다는 것만으로도 개인의 신용도에 불리하게 작용할 수 있기 때문이다.

특히 단기간에 너무 많은 신용카드를 발급받으면 뭔가 적신호로 해석돼 잠재적 위험 고객으로 분류될 수 있다. 실제로 연체가 발생하지 않는 한 당장 신용등급을 낮추거나 불이익을 받지는 않겠지만, 잠재적 위험 고객 취급을 받는 것도 결코 유쾌한 일은 아니다.

또한 신용카드를 사용할 때 최대한도까지 사용하는 것은 좋지 않다. 특히 현금서비스와 카드론은 쓰면 쓸수록 신용등급에 부정적 영향을 끼칠 수 있으므로 불가피할 때가 아니면 사용하지 않도록 한다.

흔히들 소득이 많거나 은행에 돈을 많이 쌓아두는 것만으로도 신용이 올라가리라고 생각하는데 그건 착각이다. 소득이 적고 은행에 많은 돈을 맡기지 않았더라도 카드대금이나 대출이자를 연체 없이 잘 결제하면 작은 신용의 밑알이 쌓여 저절로 신용등급이 높아진다. 신용은 돈의 규모가 아니라 약속을 잘 지켰는가에 대한 것, 즉 '약속의 기록'이기 때문이다. 평소 잘 쓰지 않는 소액의 마이너스 통장 같은 것을 만들어두었다가 급할 때 한도 내에서 대출했다가 곧바로 갚는 등 자신의 신용도를 보여줄 수 있는 기록을 장기적으로 쌓아두는 것도 도움이 된다.

신용평가기관에서 개인의 신용등급을 평가할 때 활용하는 자료는 금융거래 실적만이 아니다. 전기통신 및 가스 요금, 아파트 관리비 연체 내역도 자료로 활용될 수 있다.

미국에서는 아무리 은행에 돈이 많아도 신용기록(credit record)이 없으면 신용카드를 발급해주지 않는다. 예를 들어

유학생의 경우 한꺼번에 많은 돈을 예치했다고 하더라도 신용카드 한도를 월 500달러~1,000달러 정도로 시작해서 오랫동안 기록을 해본 뒤 다시 조금씩 한도를 높여주는 방식으로 이뤄진다. 미국에 이민을 간 어느 교포가 개인신용을 쌓기 위해 필요하지도 않은 돈을 대출받아 금고에 모셔놓고 매달 원리금을 지속적으로 갚아나가는 방법으로 신용기록을 만들어갔다는 이야기도 들린다. 금융선진국들이 얼마만큼 신용관리와 신용기록을 중요시하는지를 보여주는 사례다.

실제로 신용평가사나 개별 금융기관이 자체적으로 마련한 신용등급평가의 내부 기준은 약간씩 다르고 일반에는 잘 공

신용관리를 위한 가이드라인

- 대출 가능 금액 확인 등 불필요한 신용조회를 자주 하지 않는다. 특히 고금리 대부업체를 통한 대출한도 확인은 절대로 해서는 안 된다. 고금리 대부업체의 확인만으로도 신용이 깎이기 때문이다.
- 주거래은행을 하나 지정해 모든 예금, 적금, 월급이체, 대출 등 통장거래를 집중시킨다. 오랫동안 같은 은행에서 거래를 하다 보면 신용등급이 저절로 높아져서 여러 혜택을 받게 된다. 대출금리도 낮아진다.
- 포인트에 유혹되어 이것저것 지나치게 많은 신용카드를 발급받는 것은 좋지 않다. 꼭 필요한 포인트를 제공하는 신용카드를 두세 개 골라 꾸준히 사용하고 성실하게 갚아나가면 저절로 신용이 쌓인다.
- 현금서비스는 정말 급한 경우가 아니면 사용하지 않는다. 불가피하게 현금서비스를 이용했다면 반드시 제때 상환한다.

개되지도 않는다. 그러나 신용관리를 위한 일반적 가이드라인은 있다.

살다 보면 때로는 불가피하게 대출을 받아야 할 일도 생길 것이다. 평소 신용을 쌓아두면 신용대출한도가 늘어나고 금리도 낮아지는 효과를 얻는다. 무리한 대출을 했다가 상환이 어려워지거나 신용카드를 마구 긁으며 자신의 소득수준을 넘어서는 과잉소비를 한다면 자칫 젊어서 신용불량자가 될 수도 있다. 무심코 저지른 젊은 날의 실수는 '신용불량자라는 주홍글씨'가 되어 거의 평생을 따라다닌다. 생애재무설계의 중요한 항목 중 하나가 신용관리인 이유가 여기 있다.

06 '지금 당장' 시작하라

'현재'를 영어로 프레즌트(present)라고 한다. 공교롭게도 '선물' 역시 영어로는 프레즌트(present)다. 현재야말로 인간이 신으로부터 받은 가장 귀중한 선물(present)이라는 말이 그래서 나왔다.

생애재무설계에서 가장 중요한 단어 역시 바로 '프레즌트(present)', 곧 '지금 당장'이다. 생애재무설계의 필요성을 제대로 인식했다면 '내일'이 아니라 '지금 당장' 시작하라는 뜻이다. 지금 당장 시작하면 반드시 훗날 금전적 선물, 마음의 안정이라는 선물, 쾌적한 노후라는 선물을 받게 된다.

은퇴 이후 수십 년간 소득이 없는 노후생활에 대비하기란 결코 쉬운 일이 아니다. 따라서 "지금 당장 먹고살기도 힘든데 무슨 돈이 남아돌아서……?"라든가 "뭐 나중에 어떻게 되겠지", "설마 산 입에 거미줄이야 치겠어?"라고 생각하며 나중으로 미루는 건 금물이다.

앞서 '복리의 마술'에서도 볼 수 있었듯이 노후 준비에는 시간이 가장 든든한 친구고 아군이다. 내일, 내달, 내년, 애들 교육이나 끝낸 후, 집이나 마련한 후…… 이런 식으로 하루하루 계속 미루지 말고 지금 당장 생애재무설계에 착수해야 한다.

07 퇴직 후 10년을 버텨줄 연결소득 설계가 필요하다

IMF 위기를 겪으며 우리 사회에서는 '사오정'이라는 단어가 크게 유행했다. 그러던 게 이젠 '오륙도'라는 말까지 나온다. 이르면 45세에 정년퇴직을 각오해야 하는 세상에서 오십 대, 육십 대에도 계속 직장에 다니는 사람은 도둑놈이라는 우스갯소리다.

실제로 요즘은 50세 전후가 되면 언제 명예퇴직을 당할지 모르는 불안감에 떨어야 하고 55세가 되면 대부분 정년을 맞이한다. 그런데 국민연금이나 개인연금이 매달 고정적으로 나오는 시기는 대부분 65세이기 때문에 55세에 퇴직해서 65세까지 적어도 10년 동안은 일정한 수입 없이 버텨야 한다. 이 시기를 어떻게 견딜 것인지에 대한 설계를 미리 해두지 않으면 안 된다. 그런 방법으로 뭐가 있을까.

그중 한 방법이 퇴직금을 연금 방식으로 설계하는 것이다.

이렇게 55세와 65세를 이어주는 연결소득(bridge income)으로 퇴직금을 설정해두면 그것이 퇴직 이후 10~15년을 견딜 최소한의 안전판이 된다.

한편 은퇴 직후인 50대 중반은 한창 일할 수 있는 에너지와 현실적 수단이 남아 있는 나이기도 하다. 퇴직 시점이 되기 훨씬 전부터 제2의 삶에 대한 구체적이고 현실적인 일자리 설계를 해둘 필요가 있다. 그전에 누린 사회적 지위나 소득에 대해서는 깨끗이 잊고 부분적이나마 일정한 소득을 확보할 방안을 모색해야 한다. 자신이 정말 잘 알고 있고 잘할 수 있으며 좋아하는 일, 새로 시작할 때 비용이 많이 들지 않는 일을 찾는 게 관건이다.

08

냉정과 열정 사이:
전문가의 도움을 받아라

요즘 같은 초저금리 시대에 너무 소심하게 자산을 운용하다 가는 인플레이션을 감안한 실질금리가 마이너스가 되어 목표 시간 안에 충분한 자금을 마련할 수가 없다. 반대로 고수익만 노리고 너무 공격적인 자금운용을 하다가는 있던 돈마저 다 날려버릴 수 있다.

'유럽의 워런 버핏'이라 불리는 유명한 투자자 앙드레 코스톨라니(Andre Kostolany)는 "돈은 뜨겁게 사랑하되 차갑게 다루라"고 충고했다. 돈을 뜨겁게 사랑하지 않는 사람은 없을 것이다. 문제는 그 사랑이 대체로 일방적인 짝사랑인 경우가 많으며 짝사랑 특유의 미숙함과 어리석음, 혼돈과 판단착오 를 수반한다는 것이다. 돈을 사랑하는 만큼 그 돈을 마련하기 위한 투자와 돈관리는 차갑고 정교하고 냉정하게 해야 한다 는 것이 앙드레 코스톨라니의 충고다. 투자를 해서 돈을 벌었다고 기분 좋아서 돈을 마구 쓰거나 주가가 떨어졌다고 기분이 나빠서 홧술을 마시는 등 일희일비하지 말고 장기적 관점에서 냉정하게 투자의 태도를 유지해야 한다는 것이다.

그러나 사람은 누구나 감정의 동물이다. 자신의 돈을 투자하고 운용하면서 언제나 냉정하고 객관적인 태도를 유지하기는 쉽지 않다. 주식시장이 좀 뜬다 싶으면 무리하게 욕심을 내게 마련이고 주가가 하락해서 펀드 수익률이 오랫동안 마이너스 상태가 유지되면 불안해져서 펀드를 해약할 가능성이 높다.

투자에 냉정을 잃지 않고 객관성을 유지하려면 서비스 수수료를 내는 한이 있더라도 때때로 재무 전문가의 상담을 받는 것이 좋다.

은행과 증권 및 보험회사 등 모든 금융기관이 공짜로 재무설계 서비스를 제공하고 있지만 투자의 무게 중심이 지나치게 자기 업종에 유리한 쪽으로 쏠려 있는 경우가 많다. 따라서 특정 분야가 아닌 총체적인 상담을 받으려면 어느 업종에도 속하지 않은 채 객관적 조언을 해줄 수 있는 실력 있는 재무설계사의 도움이 필요하다. 각자의 사정에 맞춰 각 금융상품과 투자에 대해 전체적 전략을 짜고 나날이 변화해가는 금융시장의 변동성에 맞춰 중간중간 미세조정을 위한 조언을 받는 것도 현명한 투자방식이라고 할 수 있다.

09 중간에 흔들리지 마라

처음부터 생애재무설계를 잘하는 것이 중요하지만, 초기에 잘했다 하더라도 가장 문제가 되는 것은 중간에 이런저런 이유로 흔들리는 것이다. 급히 돈이 필요하다는 이유로 이미 시작한 투자를 중도에 깨버리기도 하고, 원래는 노후자금을 마련하려는 용도로 시작했건만 아이들이 성장하면서 각자에게 방을 하나씩 주어야 한다거나 유학비로 목돈이 필요해져서 깨버리기도 한다. 노후자금을 마련하는 긴 기간 동안에도 우리는 여러 번 이런 유혹에 시달릴 수밖에 없다.

앞서 설명한 대로 '100-나이 법칙'에 따라 젊었을 때는 높은 수익률 위주로 다소 공격적으로 투자해서 일정액을 모은 다음, 안전한 예금이나 장기국채 혹은 안전한 장기채권이나 보험에 넣어두고는 아예 그 돈은 없는 돈으로 여기는 마음가짐이 필요하다. 기존의 자산 목록에서 아예 지워버릴 정도의 강한 의지가 있어야 하는 것이다.

적립식 펀드에 투자했는데 주가가 계속 떨어질 때도 이런 유혹에 시달려야 한다. 가장 나쁜 태도가 주가가 오를 때 적립식 펀드에 투자했다가 주가가 오래도록 하락하자 아예 적립을 중단하고 해약하는 경우다. 앞에서도 여러 번 자세히 설명했듯이, 적립식 정액분할투자는 주가가 오르면 올라서 좋고, 떨어지면 낮은 가격으로 살 수 있게 되어 평균매입단가를 낮출 수 있어서 좋다. 설령 주가가 몇 년간 계속 나빠도 노후 대비 자금이니만큼 마음에 여유를 갖고 꾸준히 투자를 유지해야 한다.

10 배우자와 함께 설계하라

'황혼 이혼'이라는 말은 원래 일본에서 건너왔다. 일본의 아내들은 평생을 남편에게 복종만 하며 말없이 지내다가 아이들을 다 출가시키고 남편이 퇴직금을 탈 때쯤 이혼을 요구하기에 이런 표현이 생겨났다는 것이다. 더는 나이 든 남편의 식사 수발이나 병 수발 따위는 하기 싫으니 이제 자유롭게 살 수 있도록 퇴직금 절반을 달라며 황혼 이혼 소송을 하는 경우가 많다고 한다. 그런데 이 황혼 이혼이 이웃나라에서 들려오는 해외토픽 뉴스가 아닌, 우리 주변에서도 쉽게 볼 수 있는 흔한 일이 되고 있다.

황혼 이혼을 당하지 않으려면 배우자가 평생의 반려자인 동시에 삶의 설계를 같이하는 동업자라는 인식을 젊었을 때부터 가져야 한다. 일찍부터 함께 머리를 맞대고 의논해 평생의 재무설계와 노후설계를 해두는 것이 좋다.

현실적으로도 대체로 모든 가정은 밖에서 일해 소득을 창출하는 사람과 이 돈으로 생활비나 자녀교육비를 지출하는 사람이 따로따로다. 그러므로 두 사람의 삶에 대한 태도와 생애재무설계의 의지, 교육방침, 주택 및 부동산에 대한 생각, 소비행태에 대해 사전에 이야기를 충분히 나누고 의견을 조율하지 않으면 적정한 재무설계는 더더욱 불가능하다. 또한 미래의 계획을 함께 의논해 짜나가다 보면 공동운명체라는 인식을 공유해, 아마도 부부 사이가 더 좋아지지 않을까.

특히 집 안에서 아이들 키우고 남편 뒷바라지만 해온 주부들 가운데는 상당수가 노후 대비책이 전무한 경우가 많다. 평균수명에 비춰볼 때 여성이 남성보다 적어도 5~10년 이상을 더 살게 되기 때문에 남편이 갑자기 사망하면 아내는 혼자 혹은 며느리 눈치를 봐가며 어렵게 살아야 하는 경우가 적지 않다. 따라서 생애재무설계를 할 때는 아내가 홀로 살아야 할지 모르는 5~10년의 기간을 추가로 고려해 충분한 액수를 감안한 재무설계를 하는 것이 좋다. 아내가 혼자서 살아갈 때 필요한 생활비는 부부가 함께 살아갈 때 필요한 액수의 60% 정도를 산정하면 된다.

6장

노후를 위한 연금설계

01 연금설계의 목표와 방법

저출산－고령화 사회의 재앙이 곧 다가온다는 사실을 분명히 아는 만큼 젊어서부터 철저하게 준비한 사람만이 온화한 노후, 젊었을 때와는 또 다른 풍요로운 노후를 누릴 수 있다.

노년기를 준비하는 재무설계의 목표는 크게 두 가지다. 첫째, 규칙적인 생계비 수요에 대비하는 것이다. 둘째, 젊은 시절보다 크게 늘어난 의료비 수요에 대비하는 것이다. 셋째, 여유와 품위가 있는 여가를 누리도록 최소한의 자금을 준비하는 것이다. 노년재무설계는 이 세 가지 목표에 맞추어서 해야 한다.

그렇다면 노년기에 사용 가능한 재원은 무엇인가. 우선 약간의 저축 및 이자소득이 있다. 그리고 개인연금과 퇴직금이 있을 수 있다. 마지막으로는 현재 살고 있는 주택이나 오피스텔 임대 수입 정도가 될 것이다.

노인가계를 위한 포트폴리오의 핵심은 연금이든 이자든 월 단위로 규칙적인 소득이 나오도록 설계하는 것이다. 단, 안전 자산 위주로 자금을 운용해야 하며 가급적 부동산 비중을 줄여 유동자산으로 전환해야 하고, 의료비 등 갑작스러운 지출에 대비해 현금성 자산을 일정 부분 보유해야 한다.

▌▌ 연금설계의 3층 구조

노년재무설계에서 가장 핵심적이고 가장 중요한 것은 연금설계다. 규칙적인 월수입을 평생 보장받는 데는 연금만큼 적절한 수단이 없기 때문이다. 특히 평균수명 증가로 90세 이상까지 살 가능성이 높아진 장수세대에게는 사망할 때까지 국가나 금융기관으로부터 돈이 지급되는 연금이야말로 최적의 노후 대비 수단이라 할 수 있다. 연금은 사회보장성 연금인 국민연금과 기업의 퇴직연금 그리고 개인이 자신의 노후에 대비해 가입하는 개인연금 세 가지로 나뉜다.

이 세 가지 형태의 연금을 가리켜 '연금의 3층 구조'라고 부른다. 어느 하나만 가입해서는 노후 대비를 철저히 할 수 없으므로 ①공적연금인 국민연금(기초생활비 보장) + ②준공적 연금인 퇴직연금(불안감 없는 노후 준비) + ③사적 연금인 개인연금(비교적 여유 있는 노후 준비)이라는 3단계로 연금설계가 이뤄져야 한다.

그림 6-1 연금의 3층 구조

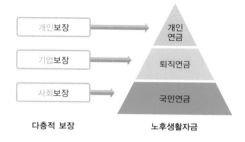

국민연금은 소득의 9%를 40년간 불입할 경우 퇴직 전 소득의 40%를 보장받을 수 있도록 하는 것이지만 실제로 일반인이 일할 수 있는 시간은 그보다 짧기 때문에 보통은 퇴직 전 소득의 20~30%만 보장받는다고 봐야 한다. 따라서 만약 퇴직 후 이전소득의 70% 수령을 목표로 노년재무설계를 한다면, 국민연금 외에 퇴직연금과 개인연금으로 각각 25% 정도를 추가 조달한다고 생각하면 된다.

▌▌국민연금 : 기초생계비 마련

국민연금은 최소한의 기초생활자금 마련이 목적인 연금으로, 국가가 주도하는 사회보장 성격의 공적연금이다. '요람에서 무덤까지'라는 국가의 사회복지 정신에 따라 실시되는 사회보장제도로서 저소득층일수록 수익률이 높아지는 구조로 설계되어 소득계층에 따른 부의 재분배 기능도 일정 부분 담당한다.

현재 우리나라의 국민연금은 저출산-고령화에 따른 재원고갈 위험 때문에 제도에 대한 불신감이 높은 것이 사실이다. 보건복지부의 2007년 조사에 따르면 국민연금에 대한 신뢰도는 12.8%에 불과했다. 불신의 이유로는 첫째로 기금운용을 잘하지 못하고 있어서, 둘째로 액수가 적어 노후에 별 도움이 안 될 것 같아서, 셋째로 재원고갈로 국민연금을 못 받을 것 같아서라는 답변이 나왔다.

그러나 국민연금에 대한 일반인들의 불신은 상당히 과장된 측면이 있다. 우선 기금운용의 경우 세계 유수의 연금펀드나 투자은행만큼 높은 수익을 올리지는 못해도 시장평균이자율은 훌쩍 넘는 나쁘지 않은 수준을 보이고 있다. 미국 캘리포니아 오렌지카운티의 경우처럼 높은 수익을 노려 공격적이고 위험한 투자를 지속하다가 오래 쌓아둔 고수익을 한꺼번에 잃어버리는 것보다는 이 편이 훨씬 낫다. 또한 싫든 좋든 어차피 법적으로 강제된 성격인 데다 장점도 많기 때문에 적극적인 마음가짐으로 설계하는 것이 바람직하다.

한마디로 말해 국민연금은 노후생활의 '기초생활자금' 역할을 톡톡히 한다. 일단 연금을 수령하기 시작하는 나이부터 국가가 평생 지급을 보장해준다. 물가가 인상되면 연금도 자동적으로 오르도록 설계된 유일한 인플레이션 헤지형 연금이며 수익률도 시장이자율보다 높은 편이니, 안정성과 수익성 그리고 연금의 실질가치 보장이라는 삼박자가 다 갖춰진 셈이다. 개인연금과는 달리 사업비가 정부예산으로 충당되어 실질 혜택도 매우 높다. 적어도 지금 현재의 기준에서만 보자면 민간연금보다 혜택이 훨씬 커서 부의 재분배 기능을 담당해야 할 국민연금 임의가입제도가 부자 주부들의 재테크 수단으로 악용되기도 하는 역설적 상황까지 벌어지고 있다.

국민연금에는 가입자가 갑작스러운 질병에 걸리거나 사고를 당해 장애 상태가 될 경우 단 한 번 냈더라도 그 시점부터 매달 연금이 지급되는 장애연금 혜택도 있다. 가입자가 조기에 사망하면 유족이 연금을 받을 수도 있는데 그 액수는 민영연금보다 낮지만 상속세 과세대상에서도 제외되는 등 다른 개인연금에선 찾아볼 수 없는 혜택이 있다.

2007년에 개정된 국민연금법에 따르면 가입자의 부담요율은 월평균 신고소득의 9% 수준으로 선진국의 20% 수준에 비하면 아직 낮은 편이다. 65세 이후부터 받을 수 있게 설계된 기본연금액, 즉 소득대체율은 40년 동안 보험료를 낼 경우 2028년부터는 40%다. 계산식은 다음과 같다.

> **국민연금 급여율(소득대체율) = 급여 ÷ 은퇴전소득**
> (은퇴전소득은 생애평균소득과 가입자평균소득을 각 50%씩 반영)

　이렇게만 본다면 국민연금만 가지고도 최저생계비는 충족할 수 있을 것 같지만, 실질적으로는 절대 충분한 액수가 아니다. 소득대체율 40%는 25세부터 64세까지 꼬박 40년간 직장생활을 하거나 자영업을 계속하면서 빠짐없이 국민연금 보험료를 낸 사람만이 받을 수 있는 돈이기 때문이다. 오늘날 우리 사회에서 이렇게 오래도록 일할 수 있는 사람은 많지 않다. 결국 20년간 직장생활을 했을 경우에는 소득대체율이 그 절반인 20% 수준에 불과하게 된다.

　또 현재의 국민연금은 독일의 철혈재상 비스마르크 시대에 만들어진 것으로 다음 세대 의존도가 높은 방식이다. 즉 내가 낸 만큼 받아가는 것이 아니라 다음 세대가 현세대를 뒷받침하는 방식이다('pay as you go', 즉 서비스를 위해 사용료를 먼저 지급하는 방식). 초기에는 받아가는 사람이 없이 적립만 하는 데다 연금운용 수입이 많이 쌓이기 때문에 당연히 초기 가입자에게 유리하다. 그러나 향후 저출산-고령화가 심화되면 후세대에게는 불리하게 작용할 수밖에 없다. 고령화로 연금수급자는 급증하는 반면 저출산으로 연금을 불입할 사람의 숫자는 줄어들 테고 노동력까지 줄어 세금이 감소함으로써 결국 정부가 부담할 수 있는 재정에 한계가 생길 테니까 말이다.

이처럼 국민연금만으로 노년의 생활비를 온전히 충당하기에는 역부족이므로 국민연금에만 의존하지 말고 그와 함께 퇴직연금과 개인연금을 동시에 설계하는 게 바람직하다.

▮▮ 퇴직연금 : 든든한 생활 버팀목

사전에는 있는데 현실적으로는 찾아보기 어려운 단어 가운데 하나가 '종신고용'이다. 기업은 틈만 나면 구조조정이라는 이름으로 직원을 내보내려 하고 종업원들 역시 기회만 있으면 좀 더 조건이 좋은 회사로 이직하고자 노력하는 세상이다.

2009년 현재 퇴직금 중간정산을 실시하는 기업이 전체 사업장의 68%나 되고 근로자들의 이직률도 높아져 평생 한 직장에서 일하고 목돈을 받는 퇴직금 개념은 거의 사라지는 추세다. 설령 한 직장에서 오랫동안 일하다 퇴직금으로 목돈을 받는다고 해도 시장의 약정금리가 워낙 낮아 예전처럼 이자를 받아서 먹고 살기는 쉽지가 않다.

퇴직금을 한꺼번에 받으면 일시적으로 부자가 된 것 같은 기분은 들 것이다. 그래서 부부가 함께 해외여행을 다녀오거나 자녀의 결혼자금을 보다 넉넉히 사용하는 등 통 크게 써버리게 마련이다. 또 사업하는 자녀나 친척, 친구가 찾아와서 출자해달라고 부탁하면 막상 목돈을 손에 쥐고도 거절하기란 쉽지 않다. 특히 그 대상이 자녀라면 마음이 더 약해져서 알토란같은 부부의 노년대비자금이 자녀의 사업자금으로 건네질 수도 있다. 그러나 우리 모두가 잘 알다시피, 이런 식으로 빌려준 돈이 되돌아오는 경우는 별로 없다.

이런 상황을 미리 고려해 퇴직금을 연금으로 설계하는 것이 바로 퇴직연금제도다. 기업이 해마다 지급하는 기존의 퇴직금을 연금 형태로 설계해 가입기간이 10년이 넘고 55세가 되면 연금으로 받을 수 있게 하는 것이다.

퇴직연금의 가장 유리한 점은 정부가 아낌없이 제공하는 세제혜택이다. 기존의 퇴직금제도 아래서는 퇴직금을 일시에 목돈으로 받기 때문에 적잖은 세금을 정부가 떼어 갔지만 개인연금 계좌에 맡기면 찾을 때까지 과세이연을 해줄 뿐만 아니라 운용을 통해 받는 배당소득에 대해서도 세금을 떼지 않는다.

나중에 연금으로 나누어 받게 되면 연금소득 자체에 대해서도 소득세 감면 혜택이 발생한다. 연금도 소득이기 때문에 당연히 세금을 내야 한다. 구체적으로 국민연금, 개인연금, 퇴직연금을 모두 합한 연간 총연금이 600만 원 이하일 경우에는 5% 선, 그 이상일 때는 금액에 따라 6~33%의 연금소득세를 낸다. 연금소득세율이 소득에 따라 누진적으로 높아지는 점을 감안하면 한꺼번에 받는 것보다 조금씩 나눠 받는 것이 세금 측면에서 훨씬 유리한 것은 당연한 이치다.

퇴직금을 연금으로 받을 수 있도록 설계를 했는데 ①무주택자가 주택을 구입하거나 ②가입자 및 부양가족이 6개월 이상 요양하는 경우 ③천재지변을 당해 정부가 정하는 수준 이상의 피해를 입은 경우 등 어쩔 수 없는 상황이 발생해 목돈이 필요하면 적립금의 50% 한도 내에서 담보대출을 받을 수도 있다.

퇴직금을 연금으로 받기로 설계했다면 수령기간에 따라 확정연금과 종신연금 중에서 선택할 수 있다. 확정연금은 퇴직한 시점인 55세부터 국민연금이나 개인연금을 받게 되는 65세 사이의 무소득 기간에 대비해 일정 기간 동안 나눠 받는 형태다. 종신연금은 가입자가 사망할 때까지 평생 돈이 나오도록 설계하는 형태다. 가입자가 일찍 사망할 경우 금융기관은 그 잔액을 유가족에게 지급할 의무가 있다. 종신형 퇴직연금은 일정 기간까지는 확정형보다 연금액수가 적지만 오래 살수록 유리해진다.

퇴직연금에는 연금의 운영주체가 기업인 '확정급여형'과 운영주체가 근로자 자신인 '확정기여형' 두 가지가 있다.

① 확정급여형(DB; Defined Benefit)

확정급여형 퇴직연금은 퇴직할 때 근로자가 받는 퇴직급여의 수준을 사전에 확정하는 제도다. 근로자 입장에서는 받을 때 연금으로 받을 수 있다는 점만 제외하면 기존의 퇴직금제도와 유사한 제도로 받아들여진다. 구체적인 방식은 다음과 같다. 우선 기업은 퇴직금을 매년 정기적으로 떼어내 이 가운데 60% 이상을 회사 외부의 금융회사에 적립한다. 퇴직할 때 사전에 약속한 돈을 반드시 주어야 하기 때문에 운영주체는 기업 혹은 사용자이며 회사는 채권, 주식, 수익증권, 변액보험 등 다양한 금융상품에 투자해 퇴직급여 비용을 충당한다. 받을 금액은 확실하게 정해졌으므로 잘못 운용할 경우 그 책임은 기업이 진다. 얼핏 보기에 기존의 퇴직금제도와 유사해, 퇴직연금제도가 아직 정착되지 않은 시점에선 직원들에게 선호되는 형태지만 퇴직금증가율이 사실상 임금상승률에 달려 있어 임금이 잘 오르지 않거나 물가가 높을 때는 불리하며, 특히 기업이 파산할 경우 의무적으로 사외에 적립하도록 한 60%만 받게 될 위험이 있다.

② 확정기여형(DC ; Defined Contribution)

기업이 매년 퇴직부담금을 근로자 개인이 선택한 금융회사의 퇴직연금 계정에 적립시키는 제도다. 당연히 근로자 자신이 운영주체가 되며 기업이 매년 1회 이상 일정 금액을 불입해주면 근로자 스스로 그 돈을 어디에 어떻게 운용할지 선택한다.

근로자가 알아서 운용해야 하기 때문에 금융교육을 적극적으로 받아야 하고 잘못하면 손실 가능성도 없지 않지만 장기에 걸쳐 나눠서 적립식으로 투자하고 다양한 금융상품에 투자하는 등 위험관리만 잘한다면 장기적으로는 확정급여형보다 훨씬 높은 수익을 기대할 수 있다.

예를 들어 호주에서는 2005년 6월 기준으로 20년간의 수익률을 비교한 결과 확정기여형의 연평균 수익률은 10.7%였던 반면 같은 기간 기업의 연평균 임금인상률은 4.4%에 불과했던 것으로 나타났다. 확정급여형은 임금상승률이 곧 수익률이 되므로 이런 경우에는 확정기여형이 확정급여형 수익률의 두 배가 넘었던 것이다.

확정기여형은 금융시장의 변화를 적극 이해해 어느 정도 위험을 감수하겠다는 자세를 가진 젊은 근로자에게 유리하며, 특히 직업의 성격상 이직이 잦은 사람에게 알맞다. 확정급여형은 다른 기업으로 옮기게 되면 반드시 해약을 해야 해서 새 직장에 가면 처음부터 다시 시작해야 하기 때문이다. 정부는 전문지식이 없는 근로자들을 위해 확정기여형 퇴직연금 운용에 따른 몇 가지 원칙과 안전판을 마련해놓고 있는데 그 내용은 다음과 같다.

확정기여형 퇴직연금 운용 원칙　　||||

- **간접투자 원칙**: 확정기여형은 주식이나 주식 관련 전환사채(CB), 신주인수권부사채(BW)에 직접 투자하지 못하도록 하고 적립식 형태로 펀드에 간접 투자해야 한다.
- **채권형 펀드투자 원칙**: 간접투자 펀드 가운데서도 주식편입 비율이 40% 미만인 채권형으로만 투자하도록 하고 있는데 이 원칙은 다소 비판에 직면해 있다. 퇴직연금의 성격상 10년 이상 장기로 이뤄지는 적립식 투자이기 때문에 상당 부분 위험관리가 되는데도 주식편입 비율을 지나치게 낮게 책정해 확정기여형 퇴직연금의 혜택과 장점을 충분히 활용하지 못하고 있다는 비판이다. 근로자들의 선택권을 지나치게 제한한다는 이야기다.
- **금융상품 포트폴리오 원칙**: 금융상품 가운데 위험성 있는 상품에 한꺼번에 투자하는 것을 금지하는 원칙이다. 예를 들어 해외자산투자는 30% 미만이어야 하고, 아무리 안전한 채권이라도 한 회사의 채권에 퇴직연금 전체 적립금의 30% 이상을 투자하지 못한다. 특히 근로자가 다니는 기업이나 계열사 기업 채권은 10% 이상 투자하지 못하도록 안전장치를 걸어두고 있다.
- **퇴직연금 사업자는** 확정기여형에 가입한 근로자에게 최소 세 개 이상의 운용상품을 제시하도록 하고 이 가운데 하나로 반드시 원리금이 보장되는 상품을 포함시켜야 한다. 근로자는 원리금을 보장하는 상품을 포함해 하나 이상을 선택해 투자하면 된다.

그렇다면 확정기여형과 확정급여형 중 어느 것이 더 유리할까?

확정급여형은 기업의 임금인상률만큼 해마다 늘어나기 때문에 기업의 향후성장성이 중요한 반면, 확정기여형은 아예 개인계좌를 만들어놓고 금융회사를 통해 내 자신이 운용하기 때문에 운용수익률이 중요한 기준이 된다. 게다가 확정급여형은 저금리 시대를 맞아 임금인상률이 인플레이션율을 따라가지 못한다면 실제로 받는 액수가 실제 노년기의 자금수요에 훨씬 못 미칠 가능성이 있다. 다만 금융지식을 쌓을 기회가 없고 나이가 많아 스스로 자산을 운용할 자신이 없는 근로자라면 확정급여형이 알맞다. 확정기여형을 선택함으로써 기대수익률을 높일 수는 있겠지만 그 과정에서 계속 불안감으로 인한 스트레스를 받는다면 오히려 정신건강을 해칠 테니까 말이다.

그러므로 확정급여형을 고려하고 있다면 냉정하게 자신이 다니는 회사의 임금인상률이 향후 어느 정도가 될지를 먼저 판단해보는 것이 중요하다. 또한 기업이 빠르게 성장하고 있어 임금상승률이 높고 정기 인센티브가 많은 회사에 다닌다거나, 하는 일이 너무 바쁘고 금융 개념도 전혀 없어 그것에 신경 쓰는 일 자체가 큰 스트레스라고 생각하는 사람은 확정급여형을 선택하는 게 낫다.

반면 아직 젊고 금융지식이나 금융시장 동향에도 적극적이며, 적립식 펀드를 설정해 임금상승률보다 훨씬 높은 수익률을 기대하는 사람이라면 확정기여형을 선택하는 게 낫다. 그런데 확정기여형 퇴직연금은 원리금을 보장해주는 상품이 아

닌 한, 어느 금융기관에 맡기느냐가 매우 중요한 선택의 요소
이므로 이 계좌를 만들기 전에 금융기관의 과거 자산운용능
력과 재무상태, 장기적 신뢰성 등을 살펴두는 것이 좋다.

■■ **개인연금 : 안락한 노후**

개인연금은 돈을 벌 수 있는 기간에 꾸준히 소득의 일부를 따
로 떼어 저축하고 소득이 없어질 것으로 추정되는 일정한 나
이(55세 이상)가 되면 그때부터 매달 일정액을 받도록 설계된
대표적인 노후보장 설계 금융상품이다.

개인연금은 누구나 자유롭게 가입할 수 있으며 세제혜택과
보장의 정도, 연금수령 액수의 확정 여부에 따라 종류도 여러
가지다.

① 소득세 공제 연금저축

2001년부터 '연금저축' 이라는 이름으로 혜성처럼 등장한 세
제적격 연금저축은 임금생활자들을 위한 최적의 '노년 준비
파트너' 다.

은행은 연금신탁, 증권사는 연금펀드, 보험사는 연금보험
의 형태로 판매하는데 만 18세 이상이면 누구나 가입할 수 있
고 10년 이상 불입할 경우 이르면 55세부터 일정 기간에 따라
(월, 분기, 연 단위 등) 연금 수령이 가능한 상품이다. 연말정산이

나 사업소득을 신고할 때 퇴직연금과 합쳐 400만 원까지 연말 소득공제 혜택을 받을 수 있다.

정부가 소득공제 혜택을 주는 대신 조건이 까다롭다. 반드시 10년 이상을 꾸준히 가입해야 하고 연금을 받을 때도 한꺼번에 받는 게 아니라 5년 이상에 걸쳐 연금 형태로 나눠 받아야 한다. 연금저축에 가입했다가 중도에 돈이 필요하다고 해지하면 환급받은 공제액은 물론 기타 소득세와 해지가산세까지 물어야 하기 때문에 일단 연금저축으로 가입한 돈은 만기 때까지는 아예 없는 돈이라고 생각하는 것이 현명하다.

연금저축 취급 금융기관은 은행, 보험회사, 증권회사, 우체국, 농협 등이며 가입 금융기관 변경이 가능하다. 은행에 연금신탁을 들었다가 더 높은 수익을 겨냥해 증권사의 연금펀드로 갈아탈 수도 있다. 보험사의 개인연금은 원금이 아닌 해약환급금 기준으로만 돌려받기 때문에 옮길 때 신중을 기하는 것이 좋다.

포트폴리오 원칙은 연금저축에도 적용할 수 있다. 가령 세금혜택을 받는 400만 원 가운데 절반이나 3분의 2 정도는 은행이나 보험 등 안전한 상품으로 가입하고 나머지는 증권사의 연금저축 펀드로 가입하는 것이다.

② 일반 연금보험도 세제혜택

소득공제 혜택을 받을 수 있는 개인연금 액수는 한도가 너무 낮기 때문에 노후에 대비해 추가로 가입하는 개인연금보험상품도 있다. 이 상품의 최대 장점은 목돈을 넣고 10년 이상 꾸준히 유지하거나 일정액(월 100만원 한도)을 10년 이상 적립식으로 가입하면 목돈으로 한꺼번에 받든 연금으로 나눠 받든 상관없이 일체의 세금을 면제받을 수 있어 세제혜택이 크다는 것이다. 특히 거치식은 목돈이 어느 정도 축적된 40대에 노후를 위한 고액의 연금 세테크 상품으로 활용할 수 있다.

가입기간 동안 위험보장도 되고 장기저축성 상품이라서 보험사가 사업비를 뗀다고 하더라도 비과세 혜택을 고려하면 수익률도 꽤 쏠쏠한 편이다. 종신형의 경우에는 오래 살수록 연금혜택을 더 많이 받을 수 있으니 평균수명이 늘어나는 요즘과 같은 때 특히 도움을 받을 수 있는 상품이라고 생각하면 된다.

③ 실적배당형 금융상품

개인연금은 일정기간이 지난 후 약속한 액수를 확정해서 받는 확정형과 상품의 운용수익률에 따라서 연금 액수가 달라지는 실적배당형으로 나누기도 한다.

대부분의 연금상품은 확정형이어서 보수적으로 자산을 운

용하기 때문에 물가상승률을 고려하면 연금의 미래가치가 하락한다는 단점이 있다. 그러나 연금상품에 따라서는 운용사가 적극적으로 연금을 운용해 실적에 따라 배당액을 조정하는 실적배당형 상품도 있다. 증권사의 경우 개인연금펀드, 분배형 펀드, 라이프사이클펀드 등이 실적배당형이고 은행의 경우 개인연금과 저축신탁이, 또 보험사의 경우에는 변액연금보험, 변액유니버설보험, 주가연계연금보험 등이 실적배당형에 속한다.

이 가운데 변액연금보험(variable annuity)은 일반 개인연금보험의 성격에 펀드투자를 결합한 실적배당형 연금보험이다. 기존의 연금보험이 지나치게 안전 위주로 운용되는 탓에 배당이 낮다고 판단된다면 자산운용에 실력과 평판이 입증된 보험사를 선택해 변액연금보험에 가입하는 것도 좋다. 보험사는 가입자로부터 받은 보험료를 특별계정과 일반계정으로 나눈다음 특별계정을 펀드로 운용해 그 수익을 고객에게 돌려준다. 또 보험사가 원금을 보장해주는 연금적립금 최저보장제도(guaranteed minimum annuity benefit)가 있어서 운용실적이 마이너스가 되더라도 원금만큼은 지킬 수 있다.

최근에는 원금의 최고 200%까지 보장해주는 상품들이 나오고 있다. 펀드수익률이 오르면 연금적립금 보장비율도 단계적으로 늘어나도록 함으로써 노후연금의 특징인 안정성을 높인 상품이다. 즉 계약자의 적립금이 단계별 수익률(120%, 150%, 180%, 200%)을 달성할 때마다 연금 개시 시점에 해당 금액을 최저 보장해준다. 한번 얻은 수익을 보수적 운용으로 전환해서 주가변동과 관계없이 계속 지킬 수 있도록 설계한 것이다.

변액연금보험은 자산운용의 성격을 지니고 있으므로 운용회사가 어디인지, 사업비는 어떤지, 회사의 재정구조는 안전한지를 점검해야 한다. 다만 최저보장 기능이 있는 경우에는 중도해지를 하면 최저보장을 받을 수 없다는 단점이 있다. 주식시장이 하락해 운용수익률이 낮은 상태에서 중도해지할 경우 상당한 손해를 볼 수도 있는 것이다.

02

개인퇴직계좌(IRA)
활용하기

일반적으로 모든 연금상품은 최저 가입기간(분할가입의 경우)과 거치기간(일시납입의 경우)을 둔다. 개인연금저축은 10년 이상, 변액연금보험은 최소 5년의 거치기간이 지나야 연금혜택을 받을 수 있는 것이다.

그렇다면 퇴직연금제도가 도입되기 이전에 오랫동안 일한 근로자가 목돈으로 퇴직금을 받게 되는 경우나 이직 때문에 불가피하게 확정급여형을 해약한 경우에는 어떻게 해야 할까? 이런 사람들을 위해 만들어진 것이 IRA(Individual Retirement Account), 즉 개인퇴직계좌다. IRA 계좌에 있는 퇴직금에 한해서는 거치기간이 짧아도 연금 전환이 가능하도록 했다. 정부가 근로자들의 오랜 노동의 공로를 인정해 아낌없이 혜택을 주는 상품이 바로 IRA라고 생각하면 된다.

1997년 금융위기 이후 우리나라 직장인들의 평균 근속연

수는 5.8년에 불과(2002년 기준)한 것으로 나타났다. 회사를 몇 번 옮기고 그동안의 퇴직금을 정산해서 이곳저곳에 쓰다 보면 모래 속으로 물이 빨려들듯 어느새 퇴직금은 사라져버리고 아무런 노후대책도 없이 밀려드는 후회와 가난에 시달려야 한다. 이직으로 불가피하게 퇴직연금을 해약하게 될 경우에는 IRA 계좌를 만들어 중간정산을 받을 때마다 예치해두면 여러 가지 세제혜택을 누리면서 퇴직연금으로 활용할 수 있다. 퇴직연금에 가입하지 않은 상태에서 퇴직금을 일시적으로 받은 사람도 60일 이내에 가입하면 IRA의 각종 연금 및 세제 혜택을 받을 수 있다.

IRA의 세제혜택 중 가장 눈에 띄는 것이 과세이연 효과다. 퇴직금을 받을 때 세금을 원천징수하는데 IRA에 돈을 넣어두면 세금을 떼지 않고 있다가 나중에 돈을 찾을 때 떼는 것이다. 일반적으로 퇴직금은 목돈이기 때문에 세금도 비교적 많이 내게 되는데 세금을 떼지 않기 때문에 돈을 찾는 그날까지는 그 세금을 고스란히 자기 돈처럼 굴릴 수 있다. 세금에 대한 이자를 복리로 챙길 수 있다는 이야기다. 종신연금으로 받는다면 세제혜택은 더 커진다.

또 퇴직연금을 받을 때까지 발생한 운용수익에 대해서도 과세가 되지 않는다. 펀드는 보통 운용수익이 발생하면 1년마다 여기에 대해 세금을 내야 하는데 IRA는 퇴직금 또는 퇴직연금 수령 때까지 세금을 떼지 않고 그대로 재투자되기 때문에 실질수익률이 높아진다. 당장은 별것 아닌 듯 보이는 액수라도 10년, 20년이 되면 엄청난 차이가 날 테고, 그런 점에서 IRA는 퇴직금을 활용한 최고의 세테크 수단으로 인식되고 있다.

IRA는 펀드 변경이 자유롭고 금융기관도 상황에 따라 바꿀 수 있다. 예를 들어 처음에 은행에 IRA 계정을 만들었다가 다음에 증권사로 바꾸고 싶을 경우 먼저 증권사에 계정을 만든 후 은행에 가서 따로 해지신청하고 돈을 증권사로 입금해달라고 요청하면 자동이체가 된다.

기업 입장에서도 퇴직연금제도를 실시하면 세제혜택이 부여된다. 확정기여형의 경우 퇴직연금 부담액 전액을, 확정급여형의 경우 퇴직급여 추계액 한도 내에서 납입금 전액을 손비로 인정받을 수 있어 법인세 절감 효과가 뛰어나다.

기업의 퇴직연금 가입은 비록 강제조항은 아니지만 사내유보 퇴직급여충당금에 대한 법인세 혜택이 2011년부터 단계적으로 축소되고 2010년 12월로 퇴직보험이 폐지되었다. 때문에 퇴직보험에 가입해서 손비 인정을 받던 기업은 2010년에 퇴직연금으로 전환하지 않았다면 더는 법인세 절감 혜택을 보지 못한다. 이에 따라 지금까지는 눈치만 보고 있던 기업들도 2011년부터는 본격적으로 퇴직연금에 가입할 것으로 예상된다.

정부는 퇴직연금제도를 활성화하기 위해 기존의 퇴직금제도에 주던 혜택을 줄이고 퇴직연금에 대한 혜택은 계속 늘려 갈 방침이다.

노년기의 히든카드:
역모기지 연금

개인연금 가운데는 주택을 활용한 변형된 연금 형태인 역모기지가 있다. 집만 한 채 소유했을 뿐 다른 소득원이 없는 만 60세 이상의 고령자 부부가 주택을 담보로 대출을 받아 연금 형태로 수령하는 것이다. 민간 금융기관의 역모기지 대출은 기간이 한정된 상품이라 고령화가 진행되면서 별 관심을 끌지 못했다. 그러나 한국주택금융공사가 실시하는 공적 역모기지 대출은 평생 가입자는 물론 배우자에게 거주권과 연금을 모두 보장하는 형태로, 별다른 노후준비 없이 은퇴했는데 유일한 재산이라고는 집 한 채뿐이어서 곤란을 겪는 노년 부부에게 유리한 변형연금이다.

좀 더 구체적으로 살펴보면, 우선 국가가 지급을 보증하기 때문에 연금지급이 중단될 위험이 없다. 사망할 때까지는 노후 생활자금을 연금 형태로 지급받고, 사망하면 금융기관이

표 6-1 주택가격과 나이에 따른 역모기지 연금 월 수령액 예시: 종신지급식, 정액형

(단위: 만 원)

	1억 원	2억 원	3억 원	4억 원	5억 원	6억 원	7억 원	8억 원	9억 원
60세	23	47	70	94	118	141	165	189	212
65세	28	57	86	115	144	172	201	230	259
70세	35	70	106	141	177	212	248	283	319
75세	44	88	133	177	221	266	310	354	354
80세	56	112	168	225	281	337	385	385	385

자료 한국주택공사(2011).

주택을 처분해 그동안의 대출금과 이자를 상환받는 방식이다. 주택금융공사에서 역모기지 혜택을 받을 수 있는 자격조건은 ①부부 모두 60세 이상 ②1가구 1주택 보유자 ③주택의 시가(시가는 한국감정원과 국민은행의 인터넷 시세, 한국감정원의 감정평가 가격 등의 순서에 따라 평가한다)가 9억 원 미만이어야 한다는 것이다.

그렇다면 집을 담보로 종신 동안 역모기지 연금을 받는다고 할 때 얼마를 받을 수 있을까? 한국주택금융공사에서 밝힌 예시 액수는 위의 〈표 6-1〉과 같다.

이 표를 보면 연금 수령액은 집값이 비싸고 나이가 많을수록 높아지도록 설계되어 있고 부부일 경우에는 더 적은 쪽의 나이를 기준으로 연금액이 결정된다는 사실을 알 수 있다.

정부가 사회보장제도의 한 형태로 출시한 제도인 만큼 세금 면에서도 당연히 유리하다. 등록세, 교육세, 농어촌특별세

등 일반대출에서 발생하는 세금부담이 없고 국민주택채권 매입의무도 면제다. 또 주택을 보유하면 매년 재산세를 내야 하는데 재산세 25%도 감면해주고 대출이자 비용도 연간 200만 원까지 소득공제를 해주는 등 세제혜택이 많다.

대출금리도 유리하게 설계되어 있다. 금리는 변동금리, 즉 [3개월물 CD금리+1.1%]를 적용하는데 일반 주택담보대출보다 금리가 낮으며 대출이자도 직접 내는 게 아니라 아예 대출원금에 가산되기 때문에 이자를 현금으로 내야 하는 부담도 없다. 한마디로 집을 자녀에게 물려주겠다는 상속 욕심만 없다면 가입자와 배우자가 종신토록 자기 집에서 잘살면서 생활비까지 받을 수 있다. '숨어 있는 2%'라고 표현할 수 있는, 유리한 연금설계인 것이다.

연금 대상이 되는 주택도 아파트는 물론 연립과 다세대주택, 단독주택, 실버주택 등이 모두 해당된다. 주택을 팔아 그 일부를 생활비로 사용하고 싶어도 요즘처럼 아파트 거래까지 뚝 끊겨 연립이나 단독주택을 매매하기가 사실상 어려운 상황에서는 더더욱 유리하다. 단, 오피스텔과 상가주택, 상가, 판매 및 영업시설, 전답 등은 역모기지 대상이 아니다.

은행에서 구입할 주택을 담보로 대출받아 집을 마련하는 것이 모기지대출이라면 이미 구입한 주택을 담보로 생활비성 연금을 받고 사망 후 주택을 금융기관이 처분할 권한을 갖기 때문에 역모기지라는 이름이 붙었다. 노후준비를 하지 못한 채 달랑 집 한 채만 지닌 고령 부부에게 여러 모로 유리한 상품이다.

▮▮ 남은 건 집 한 채인 노령 부부를 위한, 숨어 있는 2%

부부 모두가 사망하고 나면 금융기관이 주택을 처분해 대출금을 상환받는데 부부가 모두 장수해서 대출원리금이 주택가격을 초과하는 경우에는 한국주택금융공사가 그 차액을 대신 지급하므로 장수할수록 더욱 유리한 변형연금이다. 주택처분 금액이 대출금보다 많으면 당연히 자녀들에게 상속된다.

집을 가진 부부가 역모기지를 꺼린다면 가장 큰 이유는 갑자기 목돈이 필요한 일이 생길지 몰라서다. 이 점을 고려해 본인들의 의료비나 자녀 혼사비용 등 갑자기 큰돈이 필요할 경우에는 대출한도의 약 30%까지(최대 1억 5,000만 원) 목돈을 추가로 대출받을 수 있도록 해놓았다.

가입 당시에 주택이 다른 금융기관에 담보권이 설정된 경우에는 사전대출을 받아 그 담보권을 해소한 후(단, 대출한도의 50% 이내, 최대 2억 5,000만 원) 가입하면 된다. 만약 상환해야 하는 금액이 인출한도를 넘어서면 본인 자금을 합쳐 상환해야 한다.

역모기지 연금제도가 좋기는 하지만, 집 한 채만 남기면 된다는 생각으로 '가진 돈을 마구 써도 되겠지' 하는 기대는 위험천만이다. 국민연금이 가입을 유도하기 위해 초기 가입자에게 유리하게 설계된 것처럼 역모기지 제도 역시 아직 초기 단계여서 이렇듯 유리하게 되어 있을 뿐 만약 고령화가 더욱 진전되고 정부의 재정부담이 정도 이상 커지면 당연히 그 혜택을 줄일 것이라는 이야기다. 역모기지는 숨어 있는 마지막 2%의 히든카드일 뿐 98%의 보편적 노후준비가 될 수는 없음을 명심하자.

7장

생애재무설계의 실제

01 생애재무설계의 3단계

이제 좀 더 구체적으로 생애재무설계를 시작해보자. 재무설계를 할 때 가장 먼저 할 일은 특정 목적을 위해 대강 얼마가 필요한지를, 앞서 배운 '복리 개념'과 '72의 법칙' 등을 활용해 추정해보는 것이다. 연금표나 계산기를 쓰지 않고 해보는 단순추정이므로 실제 수치와는 상당한 차이가 나겠지만, 정밀성이 다소 떨어지더라도 망망한 바다에서 큰 방향을 가리켜주는 지도를 갖고 항해하는 것은 아예 없는 것보다야 훨씬 낫다.

이 책은 재무설계에 관한 방법론을 실무적으로 소개하려는 게 아닌, 앞서 언급한 몇 가지 원칙을 활용해 논리적 궤적과 전반적 흐름에 대한 감을 잡기 위한 것이 목적이므로 좀 더 자세한 내용은 재무설계 실무에 관한 책을 참조하기 바란다.

이미 말했듯이, 생애재무설계에서 가장 핵심적인 포인트는 은퇴 시점 및 그 이후의 미래로부터 점차 가까운 시점의 현재까지 역산을 해보는 역시점(逆視點: Backward Looking) 방식이다. 즉 65세 이후가 가장 불안감이 높고 자금수요가 많기 때문에 65세 이후의 자금수요부터 미리 추정하고 여기에 맞는 계획을 세운 다음에 주택 및 교육비 마련 등을 계획하고, 결혼자금 마련은 가장 나중에 생각해야 한다는 것이다.

▮▮ 1단계 : 평균여명과 노후자금 추정

노후에 필요한 자금을 추정해보려면 일단 나와 배우자가 얼마나 살게 될지 평균여명을 추정하는 것이 첫 단계다. 평균여명은 평균수명과는 다른 개념이다. 평균수명에는 태어나자마자 사망한 유아사망률과 사고나 질병 등으로 일찍 사망한 청년들의 수명까지 전체 안에 포함되어 평균이 계산된 것이다. 그러나 평균여명은, 예를 들어 50세까지 산 중년인구를 가정할 때 평균적으로 얼마를 더 사는가를 추정하는 것이다. 은퇴기를 기준으로 할 때 보통은 평균여명이 평균수명보다 더 길다.

참고로 통계청이 작성한 생명표에 따른 기대여명은, 30세가 되었을 때 남자는 75세, 여자는 81.7세이며 40세가 되었을 때 남자는 75.6세, 여자는 82세, 그리고 50세가 되었을 때 남자는 76.8세, 여자는 82.5세다. 60세가 되었을 때는 남자의 기대여명이 79세, 여자는 83세가 좀 넘는다.

따라서 남편의 나이를 기준으로 65세에 은퇴를 했다고 본다면 부부가 함께 노후생활을 하는 기간은 약 13~15년 정도이고, 남편이 사망한 후에 부인이 추가로 5년 더 생존할 것으로 추정할 수 있다.

그런데 이는 평균의 개념이며 실제로는 그보다 더 살 가능성이 있다. 그때 아무런 준비가 되어 있지 않다면 비참한 노후를 맞을 수 있으므로 약 5년은 여유를 두는 게 현실적이다. 따라서 여기서는 남편은 85세까지, 아내는 95세까지 산다고 가정하도록 하자.

일단 기대여명에 대한 감이 잡혔고 그 기간도 확정했다면 은퇴 후 생활비가 구체적으로 얼마나 될지를 파악한 후 필요한 전체 자금을 산출해야 한다.

은퇴 후 매달 생활비를 얼마나 사용할지는 사람마다 다르고, 향후의 인플레이션 변화에 따라서도 다를 것이다. 통계청이 작성한 2005년 평균 도시가구 수지 동향을 보면 도시가구의 필요자금은 월 200만 원 수준이다.

그런데 이 표의 항목 중에서 노후가 되면 교육비와 교통통신비가 줄어드는 반면 여러 가지 노인성 질병으로 보건의료비가 대폭 증가할 것으로 예상되기 때문에 현재 기준으로 월 200만 원 정도로 보면 큰 무리가 없을 것이다. 향후의 인플레이션율을 연간 3% 정도로 감안할 경우, 앞서 소개한 '72의

표 7-1 2005년 평균 도시가구 수지 동향		(단위: 만 원)
구분		**금액**
소득		2,941.2
소비지출		2,029.6
소비내역	식료품	560.9
	주거	70.9
	광열수도	100.1
	가구가사	88.9
	피복과 신발 등	124.9
	보건의료	104.2
	교육	185.0
	교양오락	93.7
	교통통신	357.0
	기타 지출	344.0
비소비지출		347.8
흑자규모		563.8

자료 **통계청.**

법칙'에 따라(72÷3=24년) 현재 41세의 남자는 65세부터 매달 약 400만 원 정도의 생활비가 들어간다고 추정할 수 있다. 실제로는 노후가 되면 활동성이 떨어져 이보다 더 적은 돈으로 생활이 가능할 수 있겠지만 유사시에 필요한 상당한 완충자금이 있어야 하므로 적어도 매달 400만 원씩 20년만큼의 자금이 마련되어야 여유 있는 노후가 가능하다는 계산이 나온다.

400만 원 × 12개월 × 20년 = 9억 6,000만 원 ⇒ 약 10억 원

이 계산을 따른다면 약 10억 원의 자금이 부부의 여생 20년 간 공동생활자금으로 필요하다. 물론 65세부터 85세까지 물가상승률이 있겠지만 물가상승에 따른 이자율도 비슷한 비율로 동시에 상승하기 때문에 이때부터는 개략적 자금이 비슷할 것으로 추정해볼 수 있다.

여기에 남편 사망 후 부인이 혼자서 약 10년 동안 더 사용하는 생활비는 공동생활비의 60% 정도가 든다고 보았을 때 약 2억 9,000만 원이 필요하고, 갑작스레 발생하는 거액의 의료비 및 기타 비용 등 안전판을 생각해 2억 원 정도의 자금이 추가로 또 필요하므로, 현재 40세 가장이 설계해야 하는 총 노후자산은 약 15억~16억 원이라고 할 수 있다.

▮▮ 2단계 : 노후자금의 현재가치 계산하기

그렇다면 65세 은퇴 시점에 필요한 총생활비를 만들기 위해서는 40세 현재 얼마가 필요할까?

이 경우에도 '72의 법칙'을 원용할 수 있다. 일반적으로 은행이나 보험권의 경우 수익률이 4~5%로 낮지만 안전하고, 증권회사의 경우 수익률은 높은 반면 다소의 위험을 받아들여야 한다. 양쪽 모두 투자자산 포트폴리오를 구성하여 평균 수익률이 8% 정도일 것이라 가정한다면 원금이 두 배가 되는 시기는 '72의 법칙'에 따르면 9년이다. 따라서 직장생활을 시작한 후 매년 2,000만 원 정도를 꾸준히 모아 40세가 되는 해에 2억 원 정도의 종자돈이 생겼다고 가정한다면 49세 전후 해서는 4억 원 정도가 되고 다시 58세 때에는 8억 원이 되며 67세 정도면 16억 원의 자금이 모이게 된다.

현재 40세인 가장이 비교적 여유 있는 노후를 보내려면, 현재 적어도 2억 원은 갖고 있어야 한다는 이야기다. 최초의 2억 원을 모으려면 직장생활을 막 시작한 20대 후반부터 어떻게 자금을 만들어나가야 할까. 대강은 감이 잡힐 것이다.

일반 직장생활자가 40대까지 2억 원의 자금을 모으기란 현재의 예금금리하에서 안전성만 추구할 경우에는 사실상 불가능하다. 퇴직금을 연금으로 설정하고, 퇴직금과 예금자산을 증권과 보험, 은행으로 잘 분산해 다소의 위험을 무릅쓰고라도 평균수익률을 높이는 방향으로 노력해야 할 것이다.

▮▮ 3단계 : 상속 및 증여 설계

마이클 잭슨의 유서

고(故) 마이클 잭슨의 유서로 추정되는 문서가 얼마전에 공개되었다. 영국의 주간지 〈뉴스 오브 더 월드(News of the World)〉는 2010년 "마이클 잭슨이 작성한 것으로 보이는 유서가 발견되었다"면서 "이 문서에는 유산 상속자인 어머니 캐서린과 세 아이인 프린스, 패리스, 블랭킷 마이클의 유산분배율과 상속

시기 등이 상세히 기재되어 있다"고 보도했다.

유서는 전체 유산 2억 달러(약 2,400억 원: 달러당 1,200원 기준)의 40%는 어머니 캐서린 잭슨이 물려받고, 40%는 세 명의 자녀에게 고르게 상속되며, 나머지 20%는 사회에 환원한다고 적혀 있다.

생애재무설계의 관점에서 볼 때 이 유서에서 가장 눈길을 끄는 지점은 마이클 잭슨이 유산을 어머니와 아이들에게 무조건 물려주지 않고 유산을 상속받을 시기와 분배율을 엄격히 정해놓았다는 것이다. 우선 자녀들은 30세가 될 때까지 물려받은 재산을 사용할 수 없다. 30세 이후에도 유산은 10년 동안 분할 상속된다. 30세 때는 재산의 3분의 1을, 35세 때는 남은 금액의 절반을, 40세가 되면 나머지 금액을 균등 분배해서 상속받도록 명시해두고 있다.

시기에 따른 분할 상속은 재산을 한꺼번에 받아서 소진해버리지 않도록 하기 위한 일종의 대비책이다. 이는 생전에 마이클 잭슨 자신이 호화판 생활을 하고 헤픈 씀씀이로 거액의 빚을 지는 등 어려움을 겪은 점이 고려된 듯 보인다. 이로 인해 아이들은 30세 이전까지는 돈을 받지 못하고 그 이후 지속적으로 나눠 받아야 한다. 제대로 된 금융지식이나 감각이 없는 자녀들이 목돈을 받아 탕진하거나 사기를 당하지 않도록 아예 전문가들에게 위탁해 그들이 대신 운용해서 유산을 주도록 설계해둔 사려 깊은 부정(父情) 엿보이는 유언장이었다.

잘못된 상속은 집안 불화의 원인

노년이 되었을 때 현실적으로 많은 고려를 해야 하는 것이 바로 상속과 증여의 문제다. 상속이나 증여를 합리적으로 설계해놓지 않고 명확히 자기 의사를 밝히지도 않은 채 사망할 경우 상속된 재산은 자녀들에게 축복이 아니라 가족관계를 파국으로까지 몰아넣는 재앙의 원천이 되기 때문이다.

이런 사례가 있다. 어느 아버지가 20여 년 전에 집을 여러 채 사면서 큰아들과 작은아들의 이름을 빌렸다. 해당 주택을 증여하기 위해서가 아니라 다주택 보유에 따른 중과세를 피하기 위해 아들들의 명의를 이용해 분산투자한 것이다. 그런데 아버지가 별다른 유언 없이 갑자기 사망하고 말았다. 문제는 처음 살 때는 비슷한 가격이던 주택이 20년이 지나서는 서로 엄청난 가격 차이가 나게 되었다는 점이다. 작은아들 이름으로 된 강남 주택은 천문학적으로 값이 뛴 반면, 다른 지역에 큰아들 이름으로 산 주택은 20년 전에 비해 별로 값이 오르지 않은 상태였다. 아무 유언 없이 아버지가 사망하고 상속 시점이 되자 형제간에 분쟁이 일어났다. 값이 오른 주택을 보유한 작은아들은 20년 전에 비슷한 가격으로 이미 사전증여가 된 것이라 주장했고, 값이 오르지 않은 주택을 보유한 큰

아들은 아버지가 세금을 피하기 위해 편의상 각각의 이름으로 올린 것이기 때문에 두 채를 상속재산으로 합쳐 평균으로 나눠야 한다고 주장한 것이다. 이 문제로 두 형제는 결국 평생 서로 얼굴을 안 보는, 남보다도 못한 사이가 되고 말았다.

이런 일을 피하려면 상속과 증여에 대해 평소 깊이 생각해 보고 원칙을 정해 정확한 유언장을 작성해야 한다. 상속과 증여는 재산을 증식하는 데 기여하지 않은 사람에게 재산이 이전되는 것이므로 정부에서도 이를 불로소득으로 보고 무거운 세금을 부과한다. 따라서 계획 없이 사전상속을 할 경우 세부담이 커질 수 있다. 상속 및 증여세에 대해서도 오래전에 잘 파악해두어야 하는 이유다.

치명적인 질병에 걸린 상태에서 주택이나 부동산, 고가의 회원권 등을 처분한 경우에 돈의 사용처가 분명하지 않으면 사전상속으로 보고 처분재산가액의 20%와 2억 원 가운데 적은 금액을 세금으로 중과한다. 쓸 곳이 있어서 장본인이 처분했는데도 이런 세금을 내게 되면 억울할 것이므로 돈 쓴 곳의 영수증을 잘 챙겨놓도록 한다.

부부의 세금설계

결혼한 이후에 형성된 재산은 부부가 함께 모은 것이다. 맞벌이가 아니라 해도 한 사람은 밖에서 열심히 일을 해서 돈을 벌고, 다른 한 사람은 열심히 집안일을 담당하고 아이를 키우고 학교 교육을 시키는 등 가정을 지켰다는 뜻이다. 따라서 결혼한 이후 재산을 형성할 때는 남편과 아내의 이름으로 분산하는 게 이치에 맞고, 그것이 또한 절세의 요령이다. 가령 장기 저축이나 개인연금을 아내 이름으로 오랜 시간에 걸쳐 가입할 수도 있고, 부부의 경우 10년 이내에 증여한 가액의 합계가 6억 원 미만일 때는 증여세가 면세되기 때문에 매년 조금씩 사전증여를 할 수도 있다. 자녀의 경우는 3,000만 원, 미성년 자녀의 경우는 1,500만 원까지만 비과세 증여가 가능하다.

이렇게 장기간에 걸쳐 절세설계를 해두면 부부 가운데 한 사람이 사망하더라도 부인에게 상속세 부담이 가중되지 않는다. 단, 증여세 신고를 하지 않으면 6억 원 미만의 증여라 하더라도 그 사실을 입증받지 못할 수 있다. 예를 들어 미성년자인 아들 결혼자금으로 증여세 면세한도인 1,500만 원을 저축했는데 20년 후에 4,000만~5,000만 원으로 늘어났다고 하자. 이 경우 미리 신고를 해두었다면 증여세가 면제되지만 그러지 않았다면 예금이 아들 명의로 되었다 하더라도 사실상 돈을 낸 사람이 아버지이기 때문에 세금을 부과한다.

결국 이런 경우도 장기적 설계가 중요한 관건이다. 사망 전 10년 이내에 증여하면 증여세 면제가 되지 않으며 사전상속으로 간주해 상속재산에 포함시키기 때문에 반드시 넘겨주고 싶은 재산이라면 젊어서부터 미리미리 설계해두는 것이 좋다. 또 증여를 인정받으려면 과세미만액을 증여하더라도 반드시 신고하는 것이 좋다.

부동산에 대한 세금

부동산에 대해서는 본인의 사용 측면과 상속 측면을 동시에 고려해야 한다. 예전에 사서 그동안 가격이 많이 오른 부동산이라면 보유자 본인이 팔 경우 적잖은 양도소득세를 내야 한다. 그러나 자녀들이 상속받아 매각할 경우에는 이미 부동산 가격이 많이 오른 상태에서 취득한 셈이 되기 때문에 양도소득세가 아예 없거나 적게 나올 것이다.

또 현금성 금융자산은 100% 소득으로 노출되는 반면(2억 원까지는 공제혜택 부여), 부동산은 거래가 없어 뚜렷한 시가를 알기 어려운 경우 시가보다 낮은 개별 공시지가나 국세청 기준가를 적용받기 때문에 절세혜택을 볼 수 있다. 따라서 가능하면 현금을 확보해야 하는 노년기 삶의 특성과 양도소득세 부담분을 잘 고려해 자신에게 알맞은 선택을 해야 한다.

상속세

상속세는 자산을 물려받는 가족이 누구냐에 따라 큰 차이가 난다. 예를 들어 부부 중 한 사람이 사망해서 배우자를 포함한 자녀가 상속을 받는다면 전체를 합해 10억 원까지 상속공제를 해주는 반면, 자녀들만 상속을 받는다면 5억 원까지만 상속공제를 해준다. 가장이 사망한 후 별다른 소득이 없는 부인이 기초생활을 유지할 수 있도록 하기 위해, 부인에게 상속하는 것에 대해선 10억 원까지 상속공제액을 높여놓은 것이다. 따라서 배우자 상속이 절세에 가장 효과적이다.

부채는 상속재산에서 당연히 제외되지만 생명보험금, 퇴직금, 연금 등은 상속재산에 포함되어 과세된다. 그뿐 아니라 신탁한 재산도 상속재산으로 간주해 세금이 부과된다. 따라서 상속이나 증여 설계를 할 때는 자신이 보유한 여러 가지 기타자산을 모두 고려해야 한다.

노년기에 거액의 자산을 처분할 때는 자금사용처에 대한 증빙자료를 반드시 갖춰야 한다. 사망한 후 직전 10년 동안 중요자산이 현금화되어 사용된 경우에는 증빙자료가 없는 한 남은 가족에게 세금이 부과되기 때문이다.

암이나 뇌질환 등 큰 병이 들어 병원비로 많이 지출하게 될 경우 자신에게 충분한 여유가 있는데도 자녀들이 적금 등을 해약해서 병원비를 대는 경우가 있다. 이때 치료 효과가 없어서 사망했다면 자녀들이 낸 병원비는 아무리 액수가 많아도 상속세 공제혜택을 받지 못하므로 가능한 한 부모의 계좌에서 병원비를 내는 것이 좋다. 효도하려다 세금을 더 내게 되는 것이다.

20~40대의 재무설계

▮▮ 20대의 재무설계 : 소득의 50~70% 이상을 저축

20대 청춘에게는 50대 이후의 삶이 까마득히 먼 미래여서 노후설계라는 말 자체가 낯설게 들릴 것이다. 자신은 영원히 늙지 않은 채 젊음을 누릴 것 같은, 전혀 근거 없는 자신감과 믿음에 가득 찬 시기가 바로 이때다. 보험을 들어도 기껏 60대까지만 보장받는 생명보험에 가입하는 사람도 있다. 자신은 절대 늙을 것 같지 않고 심리적으로도 60대 이후의 삶은 도저히 상상이 가지 않는다는 이유에서다.

이렇게 노년기가 전혀 상상이 안 되는 20대야말로 합리적 재무설계를 시작해야 할 나이다. 만약 이 시기에 효율적으로 재무관리를 한다면 가장 효과적으로 자산을 늘려나갈 수 있다. 은퇴 후에도 30여 년을 더 살아야 하는 현재 한국인의 평균수명과 고령화의 자화상을 정면으로 직시하고, 자신의 노후준비를 위해서 혹은 30대와 40대의 삶을 위해서 생각을 고쳐먹는 것이 시간에 따른 복리의 마술을 극대화할 수 있는 지름길이다.

아직 결혼을 하지 않은 20대의 재무설계는 결혼자금을 마련할 때나 소비생활에서 '베블런의 덫'에 빠지지 않는 데서부터 시작해야 한다. 일단 남 보기에만 그럴듯할 뿐 실속은 전혀 없는 화려한 결혼식, 무리한 예물과 예단, 고가의 보석이나 시계 등 결혼에 소요되는 비용을 최소화한다. 평생 단 하루뿐인 결혼식도 중요하고 해외에서의 달콤한 신혼여행도 중요하며 친구들에게 폼 나게 보이는 것도 중요하지만, 빚내서 차를 사는 과시적 낭비에서 초연해지고 땅 위에 튼튼한 두 다리로 서는 용기를 확립해야 할 시기가 바로 20대다. 예를 들어 차를 사지 않고 대중교통을 이용하면 3년 만에 적어도 3,000만~4,000만 원을 모을 수 있다. 이 돈을 없는 셈치고 수십 년간 묻어두기만 해도 적잖은 노후대비자금을 마련할 수 있다.

다시 한 번 강조하지만, 취업을 하고 난 후 아이가 생기기 전까지의 재무관리가 나머지 인생의 질을 결정하는 핵심적 시기다. 이때는 적어도 소득의 50% 이상, 가능하면 70%를 여러 형태의 자산에 분산투자해야 한다. 연금저축과 장기주택마련저축에 가입하는 한편, 적립식 펀드에 가입하고 보장성 보험에 가입하는 것이 든든한 기초공사에 해당된다.

남들보다 일찍 20대에 생애재무설계를 시작한 사람들은 마라톤에 비유되곤 하는 긴 삶에서 적어도 한 바퀴 이상 앞서서 출발하는 유리한 위치를 점하게 된다. 자신의 젊음을 과신하는 시기, 60대가 너무 먼 미래여서 도저히 실감이 나지 않는 그 청춘의 모호한 시기가 바로 길게 이어질 싸움에서 승부를 가름하는 결정적 타이밍인 것이다.

▮▮ 30대의 재무설계 : 주택과 교육비 거품 빼기

20대에서 30대 초반의 재무설계가 자동차나 옷, 보석이나 시계 등 소비상품의 유혹에서 벗어나는 것을 핵심으로 한다면, 인생의 황금기인 30대의 재무설계는 한마디로 주택과 교육에 들어가는 예산의 거품을 빼는 한편 노년기에 대비한 적극적 재무관리가 핵심이다.

이 시기에는 승진도 되고 월급도 오른다. 아껴 가며 살던 부부라도 승진이 되고 소득이 오르기 시작하면 자신감이 붙어 과시적 소비가 늘어나는 경향을 띠게 된다. 부모님 용돈도 넉넉히 드리고, 부부의 외식도 잦아지며, 자녀를 위한 소비도 증가하게 되는데 이렇게 해서 기존의 굳은 결심이 무너지면 장래를 위한 재무설계도 불투명해진다.

30대의 재무설계 및 관리는 현실적이고 단기적인 목표 달성과 노후대비의 두 가지로 분산해야 한다. 우선 주택이나 자녀교육비 마련 등 구체적 삶의 목표가 생기는 나이이므로 각각의 목표에 알맞은 목돈마련 플랜을 짠다. 내집마련저축이나 적금에 가입하고 자녀의 대학교육비로 꼭 필요한 액수는, 4년치 등록금이 사전에 추정 가능하므로 목표액만큼 소액을 분할납부해서 원금손실이 없는 안전한 자산으로 꾸준히 관리한다.

노후대비용으로는 승진과 승급으로 늘어난 소득을 아예 없던 것이라 생각하고 그것으로 적립식 연금펀드에 가입해 꾸준히 유지하도록 한다. 예컨대 30세에 적립식 펀드에 가입해 매년 600만 원씩을 연평균 7%의 수익률로 25년 동안 들어둔다면 퇴직 무렵에는 3억 8,000만 원이 넘는 추가소득을 얻게 된다. 퇴직 시에 이 돈을 찾아 쓰지 않고 10년 더 묵혀두었다가 65세에 찾으면 거의 8억 원에 가까운 소득을 챙길 수 있다. 30대에는 큰 부담이 되지 않는 연 600만 원의 저축이 시간이 지남에 따라 이렇게 큰 차이를 나타내는 것이다.

30대 후반은 자금에 여유가 생기는 동시에 아이들 자녀교육비와 더 넓은 주택으로 옮기고자 하는 욕구가 생기는 시기기도 하다. 지금까지 전세를 살았던 사람이라면 빚을 내서라도 내 집을 장만하고 싶을 테고, 이미 집이 있는 사람이라면 아이들이 성장해 방을 하나씩 따로 갖도록 해주기 위해 더 큰 집을 사야 한다고 생각하게 마련이다. 아이들 사교육을 위해 학원이 좋고 학군이 좋은 지역으로 이사를 가고 싶은 욕구도 생겨날 것이다.

따라서 이 시기에 목돈을 저축하려면 주택에 대한 관점부터 바꾸어야 한다. 빚을 내면서까지 큰 집을 사겠다고 집착하기보다는 기존의 집을 팔아서 교육환경이 좋은 지역에 전세를 얻는 방안을 생각해보면 좋을 것이다. 교육환경이 좋은 지역에서 큰 평수의 아파트를 얻으려면 비록 전세라도 만만찮은 비용이 들겠지만, 그래도 빚을 얻어 커다란 집을 샀다가 나중에 처분하지 못해 골치를 썩는 것보다는 훨씬 낫다. 또한 새 아파트에만 연연하지 말고 아파트 주변의 다소 낡은 연립주택이나 큰 다가구주택 등에 전세를 얻는 방식도 고려할 만하다. 이렇게 얼마든지 주택에 소요되는 예산의 거품을 뺄 수 있다. 주택 관련 거품을 빼서 절약한 돈으로 노후대책 마련을 위한 구체적 연금계획을 세우라는 것이다. 또 자녀와 가족을 위해 종신보험에 가입한다.

▮▮ 40대의 재무설계 : 은퇴재무설계 비중을 최대한 높여야

40대는 직장생활의 꽃이다. 이 시기에는 좀 더 높은 자리로의 승진과 함께 소득도 늘지만 쓸 곳도 많아져, 도시근로자 가계의 경우 평균 25% 정도밖에 저축하지 못하는 것으로 추정된다. 그러나 40대면 이미 은퇴가 코앞에 닥친 나이다. 따라서 노후대비 재무설계 비중을 최대한 높여야 한다. 남은 시간이 짧아서 복리의 마술이 큰 위력을 발휘하기는 어렵기 때문이다. 따라서 이 나이에야 비로소 노후준비를 시작하는 사람이라면 노후대비 저축률을 소득의 50% 정도까지 높여야 은퇴 후 30년이 넘는 세월을 안전하게 설계할 수 있다.

이 시기는 자녀가 대학에 들어가기 직전이기도 하다. 따라서 사교육비에 대한 고민이 가장 많은 시기기도 하다. 전체 소득의 얼마를 자녀의 사교육비에 쓸 것인가는 각자의 교육 철학에 따른 문제이므로 언급하기가 다소 껄끄럽다. 한 채 있는 집을 담보 잡혀 빚을 내서라도 해외유학이나 해외연수를 꼭 보내야 하고 이것이 자신의 평생 의무라고 생각하는 부모도 있을 것이다. 다만 그로 인해 자신의 노후가 어떻게 얼마나 어려워질 것인지 심사숙고해본 뒤에 결정하기를 바란다.

한편 이 시기는 은퇴를 10년가량 앞둔 때인 만큼 스스로의 소비와 투자 상황을 객관적으로 검토하기 위해 〈자산상태표〉와 〈현금흐름표〉 등 객관적 지표를 만들어볼 필요가 있다.

〈표 7-2〉는 대기업에 다니는 42세 김길동 부장의 〈자산상태표〉다. 이 표를 보고 어떤 평가를 내릴 수 있을까?

우선 자산배분이 실물에 편중되었음을 알 수 있다. 부동산과 차량, 골프회원권 등 실물자산이 7억 원이 넘는 반면 금융

표 7-2 자산상태표 : 42세 김길동 부장의 경우

자산 항목	금액	부채 항목	금액
예금(적금 포함)	3,500만 원	주택담보대출	1억 5,000만 원
보험	1,300만 원	자동차 할부 잔액	500만 원
연금펀드 등	4,000만 원	신용카드 미지급금	80만 원
주식	1,500만 원	마이너스 통장	2,500만 원
금융자산 계	1억 300만 원	부채 계	1억 8,080만 원
주택	4억 5,000만 원		
차량(1년 된 중형차)	2,100만 원		
골프회원권	1억 5,000만 원		
시골의 임야	매입가 1억 원		
부동산/기타 자산 계	7억 2,100만		
자산 합계	8억 2,400만	**부채 합계**	1억 8,080만 원

자산은 1억 원 선에 그친다. 금융자산 비중이 크게 취약하다
는 사실을 알 수 있다. 한마디로 향후 추가소득을 기대할 수
없고 환금성도 떨어지는 부동산과 골프회원권 등 실물자산에
만 너무 많은 비중을 할당한 경우인 것이다.

또한 무수익 자산, 즉 환금성이 떨어지는 자산이 많다. 사
실 같은 자동차, 같은 골프회원권이라 해도 그 자산이 영업활
동을 위해 꼭 필요한 것이라면 수익성 있는 자산으로 분류된
다. 그러나 단순히 자신이 즐기고 대외적으로 친구들이나 친
척들에게 과시하기 위한 용도로 매입한 것이라면, 즉 마이너
스 통장을 동원하고 자동차 할부 이자까지 고금리, 복리로 물
면서 구입한 것이라면 하루 빨리 처분해서 빚을 갚는 데 써야
할 대표적 재화에 해당한다. 김 부장의 경우 친구나 동료와의

주말 골프를 위해 회원권과 자동차를 구매한 경우이므로 무수익 자산이다. 게다가 예전에 김 부장이 친구 말을 듣고 솔깃해서 산 시골의 임야는 1억 원에 매입했지만 사실상 매각이 어려운 상태여서 현실적으로 필요할 때 전혀 도움이 되지 않는 대표적 무수익 자산이다.

김길동 부장의 〈자산상태표〉를 종합적으로 평가해보면 얼핏 자산이 부채보다 훨씬 많아서 큰 문제가 없어 보이지만, 대부분의 자산이 추가수익을 기대할 수 없는 무수익 실물자산이고 현금화하기도 쉽지 않으며 금융자산 비중이 지나치게 낮다는 사실을 알 수 있다.

김 부장은 현재소비를 대폭 줄이고 회원권을 팔아 빚을 정산하는 한편, 추가수익을 기대할 수 있는 금융자산인 저축과 펀드 비중을 대폭 늘려야 한다. 시골의 임야는 원금에 연연하지 말고 과감히 손해를 보더라도 정리한 뒤 그 역시 향후 오랫동안 추가수익을 제공해줄 수 있는 금융자산으로 바꾸는 것이 바람직하다. 그렇지 않으면 10년 안팎의 기간 안에 눈앞의 현실로 다가올 퇴직 이후의 소득빙하기에 대비하기 어려운 상태라고 평가할 수 있다.

노후 준비, 단 하루도 미루지 마라

아일랜드의 작가이자 독설가인 버나드 쇼는 이런 유명한 말을 남겼다. "재산을 축적하지 않은 채 소비할 수는 없다. 마찬가지로 행복을 만들어내려는 노력 없이 행복을 누릴 수 없다(I have no more right to consume happiness without producing it than to consume wealth without producing it)."

재산이든 행복이든 만들어내려는 노력 없이는 소비할 수도 누릴 수도 없다는 것은 동서고금의 진리다. 은퇴 후 30~40년 동안 자녀나 사회에 폐를 끼치지 않아도 될 정도로 윤택하고 건강한 인생을 살려면 젊어서부터 치열한 노력을 쏟아부어야 한다. 이 사실을 나이가 좀 들어서 깨닫게 되었다면 깨달은 그 순간부터라도 노력해야 한다.

그러나 사람의 삶이 어디 그런가. 대부분은 "에이, 그때 가면 또 어떻게 되겠지" 하는 막연한 낙관론으로 기울게 된다. 나만은 늙지 않을 것이고 나만은 조기 명퇴의 대상이 되지도 않을 것이라며 근거 없이 자신한다.

이런 사람들을 위해 독설가 버나드 쇼는 또 다른 유명한 문구를 자신의 묘비명으로 새겨두었다.

"우물쭈물하다가 내 이렇게 될 줄 알았지!(I knew if I stayed around long enough, something like this would happen)."

이 책의 결론은 바로 이것이다. 자신의 묘비명을 버나드 쇼와 동일하게 쓰고 싶은 사람이라면 이 책을 읽지 않아도 된다는 것이다. 그러나 자신의 삶을 버나드 쇼처럼 시니컬한 냉소로 끝내고 싶은 사람은 없을 것이다.

의학 발달로 건강이 좋아지고 평균수명이 대폭 길어지면서 이제 노년은 안락한 휴식과 여행, 즐거운 취미와 유쾌한 시간으로 가득 채워야 할 길고 긴 삶의 여정이 되고 있다. 이 긴 여행이 골든 에이지(Golden Age)가 될 것인지, 거친 자갈밭길이 될지는 지금 당장 당신의 선택에 달려 있는 것이다. 그래서 이 책의 제목이 "생애재무설계, 지금 당장 시작하라"이다.